浙江省社科联省级社会科学
学术著作出版资金资助出版
（编号：2013CBB04）

工业企业风险动态预警及全面管理研究

——以浙江省为例

范柏乃　楼晓靖　著

ZHEJIANG UNIVERSITY PRESS
浙江大学出版社

U0693018

图书在版编目（CIP）数据

工业企业风险动态预警及全面管理研究：以浙江省
为例 / 范柏乃，楼晓靖著. —杭州：浙江大学出版社，
2014. 6
ISBN 978-7-308-13116-2

Ⅰ. ①工… Ⅱ. ①范…②楼… Ⅲ. ①工业企业－风
险管理－研究－浙江省 Ⅳ. ①F427.55

中国版本图书馆 CIP 数据核字（2014）第 076332 号

工业企业风险动态预警及全面管理研究——以浙江省为例

范柏乃　楼晓靖　著

责任编辑　樊晓燕（fxy@zju.edu.cn）

封面设计　续设计

出版发行　浙江大学出版社

　　　　　　（杭州市天目山路 148 号　邮政编码 310007）

　　　　　　（网址：http://www.zjupress.com）

排　　版　杭州中大图文设计有限公司

印　　刷　杭州日报报业集团盛元印务有限公司

开　　本　710mm×1000mm　1/16

印　　张　11.5

字　　数　225 千

版印次　2014 年 6 月第 1 版　2014 年 6 月第 1 次印刷

书　　号　ISBN 978-7-308-13116-2

定　　价　35.00 元

序

改革开放以来，浙江经济经历了几起几落的循序渐进的发展阶段，而工业化始终是推动浙江经济发展的主动力，是富民强省的根本途径。30多年来，浙江紧紧抓住改革开放的历史机遇，积极推进工业改革和制度创新，实现了从农业社会到工业化社会的历史性跨越和从工业小省到工业大省的历史性跃迁，形成了空间布局合理、产业特色鲜明、经营机制灵活、多种经济成分竞相发展的工业化新格局，走出了一条符合实际、富有浙江特色的工业化道路。

但近年来，由于受到国际金融危机和出口市场急剧萎缩的严重冲击，浙江工业企业的发展遇到了严重的挫折，一些工业企业在发展中相继衰落并发生了严重的危机，尤其是行业龙头企业所出现的严重风险和危机问题，形成了多米诺骨牌效应，引发了连锁反应，极大地冲击了浙江工业经济的健康发展，严重地影响了地方的金融生态和经济发展环境，并演变成区域经济系统风险，进而危及社会的稳定。浙江诸多工业企业的衰落和死亡，固然与美国次贷危机和欧债危机引发的国际金融危机和经济危机的大环境紧密相关，但工业企业本身缺乏风险意识、风险预警和风险应对能力无疑是其中的一个重要因素。

在市场经济中，浙江工业企业的生存与发展无不受到各种宏观和微观环境因素的影响和制约，由于企业的内部条件和外部环境持续不断变化，以及两者之间的动态交互作用，客观上存在众多不确定性因素。随着全球经济一体化进程的加快，上述不确定性在增加，浙江工业企业在生产经营过程中遭遇风险事件成为更常见的现象，企业风险发生的范围更广，频率更高。风险的动态预警与管理水平是企业长期健康发展的需要。因此,如何有效识别、分析和预警风险,制定相应的风险管理方略和应对举措,是浙江省委、省政府和企业自身在全球化、信息化大背景下必须全面了解和深入掌握的一项基本技能。

风险的动态预警与全面管理产生于 20 世纪 90 年代中后期,被称作是"90 年代网络革命后的第二件大事"。风险的动态预警与全面管理的产生,一是来自企业的推动。经济全球化的驱动、跨国寻求发展等导致企业经营的风险程度不断增加,企业必须考虑增强自身对风险的控制力,增加决策的前瞻性。二是企业风险预警与管理方法、工具和手段的发展创新(如企业内控和危机管理理论的产生、衍生金融工具和保险市场的发展)等为全面风险管理的产生奠定了基础。三是信息技术的发展。信息技术革命一方面增加了企业面临风险的新内容,另一方面也提供了预警与管理风险的新手段。四是对风险评估方法、技术、战略性价值的日益认同。五是风险管理全球性标准的发展与应用。继澳大利亚和新西兰 1996 年推出全面风险管理标准后,加拿大于 1997 年、英国于 2000 年、美国于 2004 年陆续推出全面风险管理标准。六是证券市场上一系列财务丑闻的发生导致上市公司信息披露和证券市场监管的一系列法案的出台,为风险的动态预警与全面管理的实施奠定了法律基础。

目前,在很多发达国家的金融界和企业界,风险预警与全面管理的技术、方法和手段,已经广泛应用于企业战略制定、投融资决策、财务报告管理、内部控制体系建设等方面,涵盖了从公司法人治理结构安排,到各项业务运作流程和操作等各个层面,进而形成了一种综合传统风险预警与管理的方法和技术——全面风险管理体系。而在我国,风险预警与管理还是一个相对比较薄弱的环节,风险管理的运用还主要停留在银行、保险及证券等金融行业中。绝大部分工业企业普遍存在风险意识不强、风险预警与管理技术缺失等问题。风险问题已经日益凸显并最终成为导致工业企业危机事件的重要原因之一。

浙江大学课题组对工业企业风险的动态预警及全面管理问题进行了开创性研究。课题组以浙江工业企业为研究对象,研究企业风险的诱发因素、形成机理、动态预警及全面管理等问题,正确地揭示了诱发和导致工业企业风险的关键性因素,构建了工业企业风险的动态预警指标和动态预警模型,并研发了工业企业风险的动态预警指数。课题组借鉴国内外全面风险管理的基本做法和主要经验，重点从风险管理指引、风险管理网络信息系统、风险管理的教育培训、企业危机保险、有限合伙制度构建等五个层面，研究制定了浙江工业企业全面风险管理的路径方略与具体措施。课题研究目标明确，技术路线清晰，研究方法先进适当，研究成果具有创新性，制定的对策措施具有现实性、前瞻性和可操作性，为政府和企业分析、识别、预警和应对风险提供了理论依据和实操指南。

企业风险的动态预警及全面管理是近年来我国各级政府、企业界和学术界十分关注的重要课题。在浙江省委、省政府、浙江省经济和信息化委员会的研究资助和大力支持下，课题组研究了这个重要问题并得到了一些富有开创性的研究成果，我想这正是浙江省委、省政府、浙江省经济和信息化委员会研究资助所希望看到的结果。作为经济管理战线的老兵和浙江大学党委书记，我欣喜地看到浙江大学课题组取得了富有创新意义的研究成果，达到了课题预定的研究目标，欣然为专著的出版作序。我也很乐意将此书推荐给这一领域的我国理论界、企业界和政府有关部门的人士，希望通过大家共同的研究、交流、探索和创新，进一步推动企业风险的动态预警及全面管理问题的研究，为有效地识别、分析和预警企业风险，以及科学地预防与应对企业风险，推进企业健康可持续发展做出贡献。

浙江大学党委书记

金德水

2014 年 5 月于浙江大学

前　言

在浙江省委、省政府、浙江省经济和信息化委员会的研究资助和鼎力支持下,课题组历经两年多时间完成了此课题。在研究数据的采集上,采用了文献法、深度访谈、问卷调查和统计资料等多种方法;在研究数据的分析上,以 SPSS 和 STATA 统计软件为工具,综合运用了相关分析、因子分析、Logit 回归和 Probit 回归等统计分析方法。

在清晰界定企业风险的内涵与概念,以及深入揭示企业风险的类型与形成机理的基础上,课题组回顾、评析了企业风险的识别与预警的以往相关研究,系统地梳理了企业风险预警的基本方法,全面考察了企业风险管理的理论与实践,探讨了企业风险管理的一般程序和方法。

课题组重点从企业风险管理的原则、框架、过程三个维度,系统分析了国际标准化组织 ISO 31000、美国 COSO 企业风险管理整合框架、澳大利亚—新西兰 4360 风险管理标准(AS/NZS 4360:1995),以及我国《中央企业全面风险管理指引》的主要做法和经验,为构建工业企业风险的动态预警指标、动态预警模型、动态预警指数,以及研究制定全面风险管理的路径方略与具体措施提供了思路与方向。

基于行业代表性和区域代表性的考量,课题组选取了浙江省温州的信泰集团、绍兴的江龙控股、义乌的金乌集团和衢州的丰华木业等四家企业为案例分析对象,细致地考察了工业企业风险形成的主要原因、形成过程与形成机理,以及由此引发的经济社会危害性,深入地探讨了地方政府介入企业风险应对的必要性和重要性,并进一步总结了地方政府参与工业企业风险应对的主要做法和经验。

课题组充分借鉴以往的相关研究成果,从财务层面、宏观经济层面、战略层面和运营层面四个维度,遴选了 48 个指标,建构了浙江工业企业风险动态预警的理论指标体系,运用因子分析和相关分析等多重实证方法对预警指标进行了实证筛选,构建了具有较高信度和效度的浙江工业企业风险的动态预警指标体系。

以在深、沪两地上市交易的 57 家浙江工业企业为研究对象,课题组从国泰安 CSMAR 数据库采集到 57 家上市工业企业 2005 年第 1 季度至 2012 年第 4 季度共 32 个季度的财务数据,从中经专网、国家统计局网站、中国人民银行网站、浙江省统计信息网、中国货币网和新华网等经济数据库采集了包括利率变化、汇率变化、存款准备金率、工业企业景气指数、工业企业家信心指数、消费者价格指数、M2 货币供给变化和职工平均工资等宏观经济指标数据,建立了工业企业风险的动态预警 Logit 回归模型和 Probit 回归模型,在个体层面上,为企业风险的动态预警提供了具有前瞻性和可操作性的预警工具。

课题组选择了若干关键性预警指标,研发了工业企业动态预警指数的测度体系和测度模型,并从季度、年度两个时间维度,对浙江工业企业风险指数进行了实际测度,在企业总体(所有产业领域的工业企业)或企业群体(某个产业领域的工业企业)层面上,为动态预警浙江工业企业风险提供了有效的工具。

以上述研究为基础,课题组借鉴国内外全面风险管理的基本做法和主要经验,重点从风险管理指引、风险管理网络信息系统、风险管理教育培训、企业风险危机保险、有限合伙制度构建等五个层面,研究制定了浙江工业企业全面风险管理的路径方略与具体措施,为政府和企业分析、识别、预警和应对风险提供了实操指南。

由于时间仓促,课题组成员的知识和能力所限,研究会有许多不足和缺陷,恳请广大读者和同行提出批评建议。

作　者

2014 年 5 月 20 日于求是园

目　录

图目录

表目录

第1章　导　论

改革开放以来,浙江经济经历了几起几落的循序渐进的发展阶段,工业化始终是推动浙江经济和社会发展的主动力,是富民强省的根本途径。30多年来,浙江紧紧抓住改革开放的历史机遇,积极推进工业改革和制度创新,实现了从农业社会到工业化社会的历史性跨越,从工业小省到工业大省的历史性跃迁,形成了空间布局合理、产业特色鲜明、经营机制灵活、多种经济成分竞相发展的工业化新格局,走出了一条符合实际、富有特色的工业化道路。全省工业增加值从1978年的47亿元增加到2010年的14121亿元;工业增加值占全省GDP的比重从1978年的38%增加到2010年的51.9%;工业增加值的增长对浙江GDP增长的平均贡献达到了近50%。

然而,工业企业在激烈的市场竞争中面临来自外部市场环境和内部管理运营的变化和不确定性带来的双重风险考验,风险如果不加以有效控制就会转化为危机,进而导致企业消亡。2008年开始席卷全球的金融危机,导致了一大批国际知名企业的破产,如雷曼兄弟控股公司、华盛顿互助银行等。即使在非金融危机的背景下,企业的寿命也比较短。据统计,中国民营企业的平均寿命只有2.9年,60%的企业在5年内破产,85%的企业在10年内消亡,能够生存3年以上的企业只有10%,大型企业集团的平均寿命也只有7.8年。而美国中小企业的平均寿命不到7年,大企业的平均寿命不超过40年;欧洲与日本企业的平均寿命为12.5年,跨国公司的平均寿命为40~50年。1983年壳牌石油公司的调查显示,1970年名列《财富》杂志前500强的公司,有三分之一已经破产。

因此,建立科学的工业企业风险预警系统,并对工业企业风险进行有效管理,以确保工业企业乃至整个工业经济的可持续健康发展,就成为政府、学术界和企业界共同关心的热点问题。

1.1 研究背景

2008 年国际金融危机以来,浙江省工业经济运行总体良好,工业产销保持增长,企业效益持续提高,结构调整有序推进,创新能力有所增强,工业发展的协调性进一步增强,实现了工业经济平稳增长。然而,由于受到国内外宏观环境因素的影响和制约,且由于工业企业的内部条件和外部环境持续不断变化,以及两者之间的动态交互作用,导致工业运行的不稳定、不确定因素增多,导致浙江省工业经济发展遭遇到前所未有的危机。

1.1.1 国际金融危机背景下工业企业风险凸显

2011 年 9 月,北京大学国家发展研究院和阿里巴巴集团对珠三角地区 2889 家小企业的调查数据表明,珠三角地区 72.45％的小企业预计未来 6 个月没有利润或小幅亏损;3.29％的小企业预计未来 6 个月可能大幅亏损或歇业。也就是说,作为我国工业经济的桥头堡之一的珠三角地区,超过四分之三的工业企业认为未来 6 个月无利可图甚至亏损,我国工业经济发展的前景不容乐观。

2011 年,浙江温州老板出现了"集体跑路"的现象,90 多位老板负债出逃。据统计,仅 2008 年,浙江省全年工业企业注销数突破了 2 万家。嘉兴的皮革业、义乌的小商品产业、温州的打火机和鞋革行业、台州的塑料制品和缝制设备行业、绍兴的纺织轻纺业、宁波的服装和文具行业等都面临着严重的风险和危机问题。特别是杭州的南望集团,台州的飞跃集团,绍兴的纵横集团、华联三鑫和江龙控股,义乌的金乌集团,浙江一新集团,宁波中强有限公司,温州信泰集团等一批行业龙头企业在发展中相继衰落并发生了严重的危机。这些行业龙头企业资产经营规模在当地排名前列,净资产质量较好,生产经营稳定,赢利能力较强,符合产业发展方向,经营者有较高素质和良好社会影响,且与上下游企业、银行关联度较高。如果当地政府不及时采取应对风险和危机的有效措施,这些行业龙头所出现的风险和危机问题很可能会形成多米诺骨牌效应,引发一系列连锁反应,极大地冲击行业内和上下游企业,造成一大批产业工人的失业,严重地影响地方的金融生态和经济发展环境,并进一步演变成区域经济系统风险,进而危及社会的稳定。

1.1.2 企业风险管理理论的演进与实践的发展

近些年来,世界各国的学术界、企业和政府都越来越意识到企业风险管理(Enterprise Risk Management,ERM)的重要性,几乎所有行业的大公司都把企业风险管理作为企业管理的重要内容。企业风险管理甚至被称为 2004 年二十大思想突破之一。

企业风险的动态预警与全面管理产生于 20 世纪 90 年代的中后期,被称作是"90 年代网络革命后的第二件大事"。风险的动态预警与全面管理的产生,一是企业自身发展的需要。经济全球化、经济危机频繁化导致企业外部风险不断加大,企业经营国际化、生产多元化、管理复杂化等导致企业经营风险程度不断加大,因此企业必须增强对风险的抵抗力,增加决策的前瞻性。二是企业风险预警与管理方法、工具和手段的发展创新。保险市场发展迅速,金融衍生工具不断发展创新,企业内部控制理论的产生与发展,企业财务风险、市场风险、信用风险预警与管理手段的创新发展,企业危机管理理论的发展,一系列的理论创新和实践创新为企业实施全面风险管理奠定了基础。三是信息技术的普及化。信息技术革命使企业快速实现信息化,企业流程再造,企业 ERP 的实施,既给企业带来全新的风险内容,又给企业提供了风险预警和管理的新方法、新手段。四是全球范围内风险管理标准的普及发展。澳大利亚和新西兰于 1995 年推出了全面风险管理标准(AS/NZS 4360:1995),加拿大于 1997 年推出了风险管理标准《决策者的指南:加拿大国家风险管理指南》(CAN/CSA-Q850-97),英国推出了风险管理标准《项目管理第三篇:与商业相关的项目风险管理指南》(BS-6079-3:2000),美国于 2004 推出了 COSO 企业风险管理整合框架,国际标准化组织 ISO 于 2009 年推出了风险管理标准 ISO 31000,这些都说明国际社会普遍重视发展全面风险管理,风险管理的战略性价值得到日益认同。五是保障风险的动态预警与全面管理实施的一系列法案的出台。20 世纪 90 年代,由于不恰当地运用金融衍生物、金融模型的失败和对于金融衍生物不恰当的会计记账手段,一系列金融公司相继垮台,如巴林银行的倒闭、安然和安达信公司的破产,企业开始运用灾害风险管理(hazard risk management)、内部控制(internal control)、内部审计(internal audit)、合规(compliance)等综合手段全面管理企业的风险,以最优化公司价值。

目前,在很多发达国家,各主要大型企业都已经设置了首席风险总监(Chief

Rrisk Officer,CRO)这一职位，全面风险管理体系已经被广泛应用于企业战略的指定、财务报告的管理、企业经营管理、企业内部控制等多个领域，涵盖了企业经营管理的各个层面。而在我国，风险动态预警与管理的方法和技术还局限于金融行业，而且即使是金融行业对风险动态预警与管理的方法和技术的理解还存在很大的缺陷。绝大部分工业企业普遍存在风险意识不强、风险预警与管理技术缺失等问题。风险问题已经日益凸显并最终成为导致工业企业危机事件的重要原因之一。

随着经济全球化和市场竞争的加剧，企业发展面临的国内外环境更加复杂，企业风险和危机发生的范围更广、频率更高，提高工业企业风险的动态预警与应对能力将更为迫切、更为必要。因此，如何有效识别、分析和预警风险，制定相应的风险利用方案和风险应对举措，是浙江省委、省政府和企业自身在经济全球化大背景下必须全面了解和深入掌握的一项基本技能。

1.2 研究意义

随着浙江省工业经济的快速发展和国际化程度的不断提高，工业企业面临的问题越来越多、越来越复杂。就微观层面而言，风险无处不在、无时不有，它是企业生存发展的一大障碍，因此正确地识别风险、分析和评估风险，并采取有效的措施加以应对，才能顺利实现企业的经营战略目标，确保企业的可持续发展。从宏观层面上看，政府如果不对工业企业风险加以有效控制，很可能会形成多米诺骨牌效应，导致区域经济系统风险，进而危及社会的稳定。因此，浙江省工业企业风险的动态预警和全面管理研究具有重大的理论和实践意义。

1.2.1 理论意义

从国外文献上看，对企业风险管理的研究还很不完善，很少有学术文献对企业风险管理有清晰的认识和界定，因此进一步研究企业风险管理还有很大的余地(Subramanian R. Iyer,Daniel A. Rogers,Betty J. Simkins,2009)。

本研究对企业风险概念与企业风险管理概念的演变、工业企业风险的影响因素的研究、工业企业风险预警指标体系的构建、工业企业风险预警模型的构建、工业企业风险预警指数的建立、工业企业全面风险管理与应对策略等若干关键性问题开展了深入的理论与实证研究，研究成果对于深化和拓展企业风险管理与应对的政策研究,丰富和完善企业风险管理的理论体系,具有重要的理论价值。

1.2.2　实践意义

在经济全球化的背景下,浙江省的工业企业所面临的环境越来越复杂,不确定因素越来越多,科学决策的难度大大增加,企业只有建立起有效的风险动态预警和全面管理机制,才能在变幻莫测的市场环境中做出正确决策。对企业风险进行动态预警和全面管理研究,可以及时发现偏离企业经营方针和经营目标的经济行为,并反馈到企业各级管理机构以采取有效措施,从而顺利实现企业的经营方针和经营目标,促进企业的可持续发展。课题的研究具有以下几个方面的重大实践价值:

一是全面回顾了国内外关于风险和风险管理概念的演变,分析了工业企业风险的概念、类型和成因,系统梳理了风险管理的一般程序和方法,并有针对性地提出了创造性的风险和风险管理的定义,有助于增强政府部门、企业界和学术界对企业风险和企业风险管理的认识。

二是从工业企业风险的动态预警指标、动态预警模型、动态预警方法、动态预警指数编制,以及全面风险管理的基本原则、组织机构、方法技术与法律措施等层面,对美国、加拿大、欧洲和日本等发达国家的工业企业风险的动态预警及全面管理的理论与实践问题进行系统的文献调研与实证考察,总结归纳了国外工业企业风险的动态预警及全面管理的基本特点及主要做法,并且结合浙江省的典型案例,总结归纳了地方政府参与工业企业风险应对的主要做法和经验,对建立健全企业风险管理与应对的政策具有重大的参考价值,为研发浙江工业企业风险的动态预警系统和科学制定全面风险管理的对策提供参考。

三是通过建立浙江工业企业风险动态预警的 Logit 回归和 Probit 回归模型,在企业个体层面上,为浙江工业企业风险的动态预警提供具有前瞻性和可操作性的工具。

四是研发了浙江工业企业风险动态预警指数,在企业总体(所有产业领域的工业企业)层面上,为浙江工业企业的风险动态预警提供具有前瞻性和可操作性的工具。

五是基于浙江工业企业风险动态预警模型和指数,提出了可供政府部门、企业界和学术界参考的具有较强科学性、前瞻性、可操作性的全面风险管理方法。

1.3 研究方案

1.3.1 研究框架与研究路线

本课题共分 9 章,参见研究框架图 1.1,各章节的内容提要如下:

第 1 章是导论部分。浙江工业经济在浙江国民经济和社会发展中具有举足轻重的重要作用,而企业面临的风险问题十分普遍。对工业企业风险进行动态预警和全面管理十分必要,一方面浙江一大批知名企业遭遇各种各样的风险而

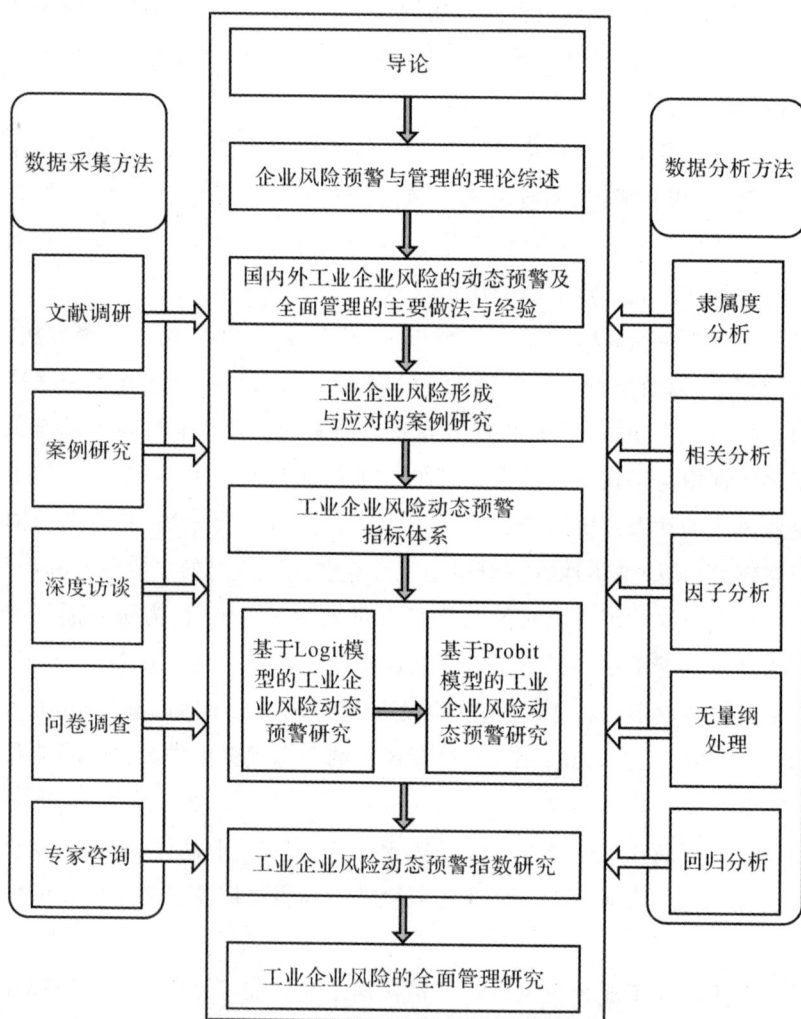

```
                          ┌──────────────┐
                          │     导论      │
                          └──────┬───────┘
                                 ↓
                          ┌──────────────┐
┌──────────────┐          │ 企业风险预警与 │          ┌──────────────┐
│  数据采集方法  │          │ 管理的理论综述 │          │  数据分析方法  │
└──────────────┘          └──────┬───────┘          └──────────────┘
                                 ↓
┌──────────────┐          ┌──────────────┐          ┌──────────────┐
│   文献调研    │ →        │国内外工业企业风险│        ← │  隶属度分析   │
└──────────────┘          │的动态预警及全面 │          └──────────────┘
                          │管理的主要做法与 │
                          │     经验      │
                          └──────┬───────┘
                                 ↓
┌──────────────┐          ┌──────────────┐          ┌──────────────┐
│   案例研究    │ →        │ 工业企业风险形成│        ← │   相关分析    │
└──────────────┘          │ 与应对的案例研究│          └──────────────┘
                          └──────┬───────┘
                                 ↓
┌──────────────┐          ┌──────────────┐          ┌──────────────┐
│   深度访谈    │ →        │ 工业企业风险动态│        ← │   因子分析    │
└──────────────┘          │ 预警指标体系   │          └──────────────┘
                          └──────┬───────┘
                                 ↓
┌──────────────┐   ┌────────────┐ ┌────────────┐   ┌──────────────┐
│   问卷调查    │ → │基于Logit模型 │→│基于Probit模型│ ← │   无量纲处理   │
└──────────────┘   │的工业企业风险│ │的工业企业风险│   └──────────────┘
                   │动态预警研究  │ │动态预警研究  │
                   └────────────┘ └─────┬──────┘
                                        ↓
┌──────────────┐          ┌──────────────┐          ┌──────────────┐
│   专家咨询    │ →        │ 工业企业风险动态│        ← │   回归分析    │
└──────────────┘          │ 预警指数研究   │          └──────────────┘
                          └──────┬───────┘
                                 ↓
                          ┌──────────────┐
                          │ 工业企业风险的 │
                          │  全面管理研究  │
                          └──────────────┘
```

图 1.1　研究框架图

破产,亟须对风险进行有效预警和管理;另一方面企业风险管理理论在国外兴起,但国内对于企业风险管理的研究还存在许多不足之处,亟待进行完善。同时,导论提出了课题研究的框架、路线和方法,分析了课题研究可能的创新点。

第2章对企业风险预警和管理的理论进行了文献综述,对建立浙江省工业企业风险动态预警指标体系和全面风险管理体系具有重大意义。首先,清晰界定了课题所研究的"企业风险"的概念,充分认识了企业风险的类型和形成机理;其次,对企业风险的识别与预警研究进行了回顾,系统梳理了企业风险预警的方法;再次,全面回顾了企业风险管理的理论与实践,指出了企业风险管理的一般程序和方法。

第3章是国内外工业企业风险的动态预警及全面管理的主要做法与经验,从国际组织、发达国家和我国三个角度全面介绍了国际标准化组织 ISO 31000、美国 COSO 企业风险管理整合框架、澳大利亚新西兰 4360 风险管理标准(AS/NZS 4360:1995)以及我国的《中央企业全面风险管理指引》。我国的风险管理理论研究始于恢复保险业务以后,风险管理实践起步更晚,与国外相比差距很大。因此,学习和借鉴国外先进的风险管理标准,探讨其成功的经验和失败的教训,总结我国目前的企业风险管理的经验教训,必将全面促进我国风险管理水平的提高。

第4章选取了浙江省温州信泰集团、绍兴江龙控股、义乌金乌集团和衢州风华木业等四家企业为案例,深入探讨了浙江工业企业风险形成的主要原因、形成过程与形成机理以及由此产生的经济社会危害性。在此基础上,探讨地方政府介入企业风险应对的必要性和重要性,总结归纳了地方政府参与工业企业风险应对的主要做法和经验。

第5章在以往研究成果的基础上,课题组提出了浙江工业企业风险的动态预警的理论指标,采用相关分析和因子分析等多重实证方法,对理论指标进行实证筛选,研究构建了具有较高信度和效度的浙江工业企业风险的动态预警指标体系。

第6章以在上海和深圳证券交易所上市交易的57家浙江工业企业为研究对象,从上市企业公布的财务报表中获得风险动态预警指标的相关数据,建立浙江工业企业风险动态预警的 Logit 回归模型和 Probit 回归模型,在企业个体层面上为浙江工业企业风险的动态预警提供具有前瞻性和可操作性的工具。

第7章研发了浙江工业企业风险动态预警指数,在企业总体(所有产业领域的工业企业)或企业群体(某个产业领域的工业企业)层面上,为浙江工业企业的风险动态预警提供具有前瞻性和可操作性的工具。

第8章是浙江省工业企业全面风险管理的应对策略,对浙江工业企业风险管理指引、浙江工业企业风险管理网络信息系统建设、浙江工业企业风险管理培训、浙江工业企业实行危机保险、浙江工业企业推行有限合伙制等问题进行深入系统的研究。

第9章是研究结论与不足,总结了研究的结论,分析了本著作可能的创新点,指出了著作存在的不足,并对本研究的进一步发展做出了展望。

1.3.2 研究方法

1. 数据采集方法

(1)深度访谈

围绕企业风险的影响因素、企业风险预警的指标体系构建以及企业风险全面管理的策略等问题,本研究将对20名学者、政府工作人员和企业家进行深度访谈,为企业风险预警指标体系的构建、提出企业风险全面管理的策略等提供良好的基础。

(2)案例研究

在浙江省绍兴市、温州市、衢州市和义乌市选择四家具有区域代表性和行业代表性的风险企业的典型案例,深入研究浙江工业企业风险形成的主要原因,形成过程与形成机理,由此产生的经济社会危害性(包括对行业内和上下游企业的冲击、对劳动就业的影响、对地方的金融生态和经济发展环境的损害等)。在此基础上,探讨地方政府介入企业风险应对的必要性和重要性,应对风险的过程,应对风险的策略措施。

(3)问卷测量

设计具有较高信度和效度的"浙江省工业企业风险预警指标体系"测量问卷,对工业企业管理和研究部门(企业、科研院所、高校、政府工业经济管理部门)进行问卷调查。

2. 数据分析方法

(1)Logit 和 Probit 模型

本研究从 CSMAR 数据库采集了浙江省在沪深两市上市交易的 57 家工业企业 2005 年第 1 季度到 2012 年第 4 季度的财务指标,构建工业企业风险预警的 Logit、Probit 回归模型,深入挖掘预警指标体系中对工业企业产生显著影响的财务指标和宏观经济指标。

(2)指数分析法

在本研究建立的排序多元 Logit 和 Probit 模型的基础上,精选了若干指标,研发了工业企业动态预警指数的测度体系和测度模型,并从季度、年度两个时间维度,对 2005 年 1 季度至 2012 年 4 季度浙江省工业企业的风险指数进行了实际测度。

第2章 企业风险预警与管理的文献综述

风险无处不在、无时不有,是企业生存发展的一大障碍,因此,正确地识别风险、分析和评估风险,并采取有效的措施加以应对,才能顺利实现企业的经营战略目标,确保企业的可持续发展。

虽然风险的存在具有客观性和普遍性,但人们对风险和风险管理的认识却是随着社会进步和经济发展而日渐成熟的。对于企业风险预警和管理的研究已经引起国内外政府部门工作者、学术界和企业家们的高度关注。

经过对大量国外文献的研究,本研究认为目前国外企业风险管理研究还存在以下几点不足:一是对企业风险和企业风险管理的内涵缺乏统一的认识;二是对工业企业风险的成因和形成机理研究不足,工业企业风险影响因素的全面研究还存在学术上的空白;三是企业风险预警的方法很少,目前预警的方法主要用于测量企业的财务风险、金融公司的市场风险和信用风险;四是对企业风险进行全面管理的政策研究不足,学术界更多关注的是企业层面如何对风险进行管理,很少有研究关注政府对工业企业风险进行全面管理的政策研究。

从国内文献上看,国内介绍企业风险管理的文献日趋增多。在中国知网(CNKI)上,以"企业风险管理"作为主题共搜索到文献 3654 篇,以"企业风险管理"作为题名共搜索到文献 1084 篇(截至 2012 年 2 月)。这些文献主要有以下几个方面的内容:一是介绍 COSO 企业风险管理框架;二是从不同视角看企业风险管理,如保险视角、金融学视角、制度层面等;三是企业财务风险预警管理方面的研究;四是介绍风险管理发展历程和研究趋势。但这些文献普遍存在以下不足:一是没有清晰界定企业风险管理以及与其相关的概念,更有甚者把风险管理与企业风险管理混为一谈;二是缺乏对企业风险进行有效分类,缺乏对企业风险成因进行深入剖析;三是缺乏对企业风险管理的一般过程进行有效归纳和总结；四是缺乏对企业风险预警系统的介绍；五是只对国外企业风险管理理论与实践做了简单介绍，没有深入发展这些理论与实践。

因此，本研究将在对国内外关于企业风险和企业风险管理概念演变的分析基础上，总结归纳企业风险的内涵与分类，分析企业风险的成因及形成机理，并对企业风险预警和管理的研究进行系统梳理。这一研究将弥补国内外企业风险管理研究的不足，填补工业企业风险影响因素研究的空白，对于建立我国工业企业风险动态预警模型和工业企业风险全面管理具有重大意义。

2.1 企业风险的内涵与分类

2.1.1 风险的概念

"风险(Risk)"一词最早起源于古意大利语 Risicare(一说是源自意大利语 Risco)，是"害怕"的意思。17 世纪由法国(Risque)传入英国(Risk)，19 世纪早期传入美国。韦氏词典对"Risk"的解释有四层含义：(1)损失或伤害的可能性；(2)引起或预示危害的人或事；(3)与保险合同有关的引起危害或损失的主观事件发生的可能性；(4)投资导致价值损失的可能性。辞海对"风险"的解释是"危险；遭受损失、伤害、不利或毁灭的可能性"。《现代汉语词典》对"风险"一词的解释为"可能发生的危险(名词)"。

弗朗索瓦·埃瓦尔德认为"风险"是早期航海贸易中的一个术语。在早期的运用中，风险一般被理解为航行中遇到的危险，如自然灾害或者航海遇到风暴、礁石等，主要运用于与保险有关的事情上。随着人类活动的复杂化和深刻化，"风险"一词逐渐被哲学、社会学、经济学等领域赋予更广泛、更深层次的含义。本研究的研究内容为浙江省工业企业风险的预警与管理，因此，着重从经济学和管理学角度对风险进行文献综述。

早在 17 世纪中叶，帕斯卡(Blaise Pascal)和费马(Pierre de Fermat)在研究"投掷骰子"过程中发现存在一种"不幸事件"，他们用概率理论测算了不幸事件发生的可能性、发生频率以及平均状况。

风险一词最初的使用，是指"不确定性(uncertainty)"。19 世纪，西方古典经济学派发现风险是生产经营活动的副产品；经营者的经营收入是对其在生产经营活动中所承担的风险的报酬和补偿。美国学者海恩斯(Haynes)是最早对风险概念进行界定的学者，他在其发表的"*Risk as an Economic Factor*"(1895)

一文中认为:"与在其他学术领域的运用相比,风险一词在经济学上并没有技术上的意义,它意味着损害或损失发生的可能性。偶然性的因素是区分风险的本质特征。不管某种行为是否会带来损害性的后果,只要存在不确定性,该种行为就承担了风险。"由此可见,海恩斯认为风险就是指不确定性。海恩斯进一步对风险进行分类并对风险的本质进行了分析,为风险管理和保险相结合奠定了理论基础。

美国学者威雷特(A. H. Willett)在其博士论文《风险与保险的经济理论》(1901)中,将风险与保险联系起来进行研究,认为风险是"不愿发生的不确定性之客观体现"。这个风险定义给出了风险的三个特征:一是风险的存在不以人的意志为转移,具有客观性,人们可以控制、规避风险,但不能从根本上消灭风险;二是风险的发生具有不确定性,其本质与核心是不确定性,威雷特继承了海恩斯的这一观点;三是风险是"不愿发生的",其具有一定的损害性。威雷特的概念成为后继学者研究有关风险问题的基础。

美国经济学家 F. H. 奈特(Knight)对风险做了经典的论断,他在《风险、不确定性及利润》(1921)一书中对风险与不确定性作了清晰的界定:"为了对可测定的不确定性和不可测定的不确定性加以区分,用'风险'一词划定前者,而用'不确定性'一词划定后者。"由此可见,风险是"可测定的不确定性"。与此相对应,他把"不可测定的不确定性"定义为"真正意义上的不确定性"。奈特进而指出,风险既有可能带来特殊形式的收入,即利润,也有可能带来损失。

1952 年,马克维茨在其博士论文中提出了著名的投资组合理论,他认为风险就是预期收益与实际收益的方差,"投资者总是希望得到预期的回报,然而……'收益'和'风险'二词经常在金融著作中出现。通常'收益'一词可以被称为'预期收益'或'预期回报',而'风险'一词被称为'回报方差'"。

武井勋在《风险理论》中指出,风险是在特定环境下和特定时期内客观存在的导致经济损失的变化,风险包括三个要素:一是风险与不确定性存在差异;二是风险是客观存在的;三是风险是可以测量的。

Eugene F. Brigham 和 Louis C. Gapenski(1987)在《财务管理:理论与实践》一书中指出,风险是某种会带来不利后果的事件发生的概率,亦即风险具有损害性和破坏性,这一观点在美国财务管理界盛行。

Yates 和 Stone(1992)提出了风险结构三因素模型,认为风险是由三种因素构成的:(1)潜在的损失;(2)损失的大小;(3)潜在损失发生的不确定性。这一模型透彻地解析了风险的内涵,成为现代风险理论的基本概念框架。

随着对风险理论研究的不断深入，不仅学术界学者对风险概念进行了探索，而且越来越多的国家公共部门、研究机构对风险的概念进行了界定，较为著名的有澳大利亚—新西兰风险管理标准（AS/NZS 4360）和美国 COSO[①] 对风险所给出的定义。

澳大利亚—新西兰风险管理标准是世界上首个国家风险管理标准，于 1995 年发布，并于 1999 年和 2004 年进行了修订。到目前为止，AS/NZS 4360 标准已经被澳大利亚、新西兰政府和世界上许多上市公司采用。AS/NZS 4360 指出，风险是"对目标有所影响的某个安全事件发生的可能性。它根据后果和可能性来度量"。风险是对目标而言的不确定性，其结果"可以是损失、伤害、失利或者获利"。

美国 COSO 发布的内部控制领域最为权威的文献之一——《内部控制—整合框架》（1992 年发布，1994 年局部修订）认为风险是任何可能影响目标实现的负面因素。COSO《企业风险管理—整合框架》（2004 年 9 月正式发布）把风险定义为"风险是一个事项将会发生并给目标实现带来负面影响的可能性"。与之相对应的概念是机会。"机会是一个事项将会发生并给目标实现带来正面影响的可能性。"

2006 年 6 月，国务院国有资产监督管理委员会（简称国资委）正式颁布的《中央企业全面风险管理指引》第一章第三条对企业风险作了以下定义：企业风险是指企业所面临的未来不确定性对企业经营目标的影响，一般可分为战略风险、市场风险、运营风险、财务风险、法律风险等；也可以以能否为企业带来赢利等机会为标志，将风险分为纯粹风险（只有带来损失一种可能性）和机会风险（带来损失和赢利的可能性并存）。

国际标准化组织（ISO）在其颁布的 ISO 31000（2009）中把风险定义为不确定性对组织目标的影响。"所有类型和规模的组织都面临内部和外部因素的影响，这些因素使组织无法确定何时及能否实现其目标。这种对组织目标产生影响的不确定性就是风险。"ISO 进一步作了注解：（1）影响是与期望的偏差——正面的或者负面的；（2）目标可以是多方面的（如财务、健康安全以及环境目标），也可以是多层次的（如战略、组织范围、项目、产品和过程）；（3）风险通常以潜在事

---

①　COSO 是美国反欺诈财务报告全国委员会（National Commission on Fraudulent Financial Reporting）的发起组织委员会（Committee of Sponsoring Organizations）的简称。1985 年，美国注册会计师协会（AICPA）、美国会计学会（AAA）、国际财务经理协会（FEI）、内部审计师协会（IIA）和管理会计师协会（IMA）等 5 个组织发起成立了该委员会。

件和后果,或者它们的组合来描述;(4)风险通常以一个事件(包括环境的变化)的后果和发生可能性的组合来表达;(5)不确定性是指与事件、后果或者可能性认知相关的信息有缺陷,或者不完整。

国际内部审计师协会(IIA)也认为风险是指对目标的实现会产生影响的事项发生的可能性。风险是由事件、根源因素及其影响构成的,企业风险包括经营风险、市场风险和信用风险。

从上述学者、政府部门、国际组织关于风险的论述来看,对风险的理解和认识还存在一定的差异,对风险的内涵还没有形成统一的认识,但是大致有以下共识:风险具有不确定性、客观性和可测定性。这些学者关于风险的认识被台湾学者宋明哲(1984)称之为"风险的客观说"。美国学者 Gyln A. Holton(2004)认为对风险的研究存在两大流派:操作主义(operationalism)流派和主观可能性(subjective probability)流派。王农跃(2008)认为对风险的认识大致可以分为"客观实体派"和"主观构建派",前者主要运用保险、银行、财务等经济学理论对风险进行研究,上述观点属于"客观实体派"。

除了上述从经济学和管理学角度对风险概念的论述之外,一些学者从哲学、社会学和文化学等角度对风险概念进行了有益的探索。这些学者一般认为,风险"纯属于个人对客观事物之主观估计",无法以客观的尺度予以衡量,这些学者关于风险的认识被台湾学者宋明哲(1984)称之为"风险的主观说"。王农跃(2008)也持有类似观点,认为心理学、社会学、文化人类学与哲学领域的学者对风险的认识属于主观构建派,其中心理学学者认为风险可以用个人的主观信念来测度,而其他领域学者认为风险不存在测度的问题,只存在构建过程的问题。本论文研究内容为浙江省工业企业风险的预警与管理,因此这些领域关于风险的观点显然不属于本论文研究的范围。

2.1.2 企业风险的定义

从风险概念的演变历程来看,即使从经济学和管理学角度,不同组织、不同专家对风险的理解是不同的,国内外学术界并没有一个受广泛认同的风险定义。本研究经过对大量国内外相关文献的研究和系统梳理,认为风险具有以下特点:

1. 客观性

风险的存在具有客观性,不以人的意志为转移。风险无处不在,每个组织、个人都面临各式各样的风险。风险无时不有,每个组织、个人在不同阶段都面临多种多样的风险。在风险的客观存在性这一点上，上述经济学和管理学领域的学者和专家具有广泛的共识。

2. 不确定性

一方面，风险的发生具有不确定性，这一点学术界存在共识。风险是否发生，何时、何地、以何种形式发生，对结果的影响有多大，事先无法确切预知。

另一方面，风险造成的后果具有不确定性。风险将造成正面的还是负面的后果，学术界存在争议。一些学者，如威雷特(1901)认为风险造成的后果具有一定的损害性，John J. Hampton(2009)认为风险一词包含三层意思：损失可能性(possibility of loss or injury)、潜在的负面效应(potential for a negative impact)和不良事件的可能性(likelihood of an undesirable event)。而另一些学者，如海恩斯(1895)、奈特(1921)等认为风险可以带来利润，风险造成的后果可以是正面的。

因此，可以从风险所造成的后果角度，将对风险所下的定义分为狭义和广义两大类。风险只能带来损失的后果，没有从风险中获利的可能性，称之为狭义风险；风险产生的结果可能带来损失，也可能带来获利，还可能既无损失也无获利，称之为广义风险。

3. 可测定型

虽然风险是不确定的，但又是"可测定的不确定性"(奈特,1921)。风险有着统计上的规律性，是可以预测的，一般以概率的形式规范和测度不确定性，如企业财务危机发生的概率等。

本论文旨在通过对风险的研究，建立科学的工业企业风险预警系统，并对工业企业风险进行有效管理，以确保工业企业乃至整个工业经济的可持续健康发展。因此，综合多位学者的观点，本研究给风险所下的定义是：风险是客观存在的、将给组织和个人目标实现带来负面影响的不良事件发生的可能性。与风险相对立的概念是机会，机会是指给目标实现带来正面影响的事件发生的可能性。企业风险就是客观存在的，给企业生产经营目标的实现带来负面影响的不良事件发生的可能性。表2.1从风险的客观说的角度系统地梳理了风险概念的演化脉络。

表 2.1　风险概念的演化脉络

主观/客观	时间	学者/组织	风险概念	贡献	广义/狭义
风险客观说	17世纪以前	/	航行中遇到的危险	风险概念缘起	狭义
	17世纪中叶	帕斯卡费马	不幸事件的发生概率	不幸事件；概率测定	狭义
	19世纪	西方古典经济学派	生产经营活动的副产品；经营者的经营收入是对其在承担的风险的报酬和补偿	风险是利润的来源，引入经济学领域	广义
	1895	海恩斯	损害或损失发生的可能性	风险与保险相结合	广义
	1901	A. H. 威雷特	人们不愿看到的事件发生的不确定性的客观体现	风险具有客观性和不确定性	狭义
	1921	F. H. 奈特 (Knight)	风险是可测定的不确定性，不可测定的不确定性是真正意义上的不确定性	对风险与不确定性作了明确区分	广义
	1952	马克维茨	风险就是预期收益与实际收益的方差	首次运用于投资领域	广义
	1964	威廉姆斯和汉斯	风险是客观的，但是不确定性的程度是主观的，将人的主观因素引入风险分析	对同一风险的认识因人而异	广义
	1983	武井勋	风险是在特定环境下和特定时期内自然存在的导致经济损失的变化	风险与不确定性存在差异；风险客观存在；风险可以测量	狭义
	1986	Robert Mehr	风险是指引起损失产生的不确定性	/	狭义
	1987	Brigham; Gapenski	风险是指某一不利事件将会发生的概率	财务管理领域运用	狭义
	1989	威廉姆斯和汉斯	风险是在给定情况下和特定时间内，那些可能发生的结果间的差异，这种差异越大，风险就越大。	统计学意义；风险是实际结果与预期结果的离差	广义
	1992	Yates Stone	风险由三因素构成：潜在的损失；损失的大小；潜在损失发生的不确定性	风险结构三因素模型	狭义
	1995	AS/NZS 4360	风险是"对目标有所影响的某个安全事件发生的可能性。它根据后果和可能性来度量。"风险是对目标而言的不确定性，其结果"可以是损失、伤害、失利或者获利"		广义

续表

主观/客观	时间	学者/组织	风险概念	贡献	广义/狭义
风险客观说	2004	美国 COSO	风险是一个事项将会发生并给目标实现带来负面影响的可能性。而机会是一个事项将会发生并给目标实现带来正面影响的可能性		狭义
	2006	《中央企业全面风险管理指引》	指未来的不确定性对企业实现其经营目标的影响。企业风险一般可分为战略风险、财务风险、市场风险、运营风险、法律风险等；也可以能否为企业带来盈利等机会为标志，将风险分为纯粹风险（只有带来损失一种可能性）和机会风险（带来损失和盈利的可能性并存）		广义
	2009	ISO 31000	对组织目标产生影响的不确定性就是风险		广义

2.1.3　企业风险的分类

不同学者对风险的界定不同，对风险分类的标准也不同，有的学者根据风险的内容或来源进行分类，有学者根据风险的性质进行分类，有的学者根据风险的范围进行分类。王晓霞(2005)通过大量的文献研究，较为全面地梳理出了 8 种风险的分类方法：客观风险和主观风险(M. R. Greene,1977)；纯粹风险和投机风险(A. H. Mowbray)；静态风险和动态风险(A. H. Willet)；基本风险和特定风险；市场风险和财务风险；经营风险、行为风险和管理风险(David Mc Name, 1999)；营销风险、新产品开发风险、品牌风险、组织架构风险、内部控制风险、信息风险和财务风险；需求变化风险、营销环境风险、竞争对手风险和营销人员风险。陈秉正(2003)指出，可以从不同角度、按不同标准和需要对风险进行分类：纯粹风险和投机风险；基本风险和个别风险；人身风险、财产风险、责任风险和信用风险；个人风险和企业风险；自然风险和人为风险。

由于不同学者对风险分类的标准不同，因而在企业风险的分类上也存在不同的观点。AIRMIC/AL.ARM/IRM(2002)将企业面临的风险分为财务风险、战略风险、运营风险和灾害风险四类。CAS(Casualty Actuarial Society)也将企业风险划分为灾害风险、财务风险、运营风险和战略风险四类。巴塞尔委员会和国际证券组织联合会(IOSCO)指出，企业风险可以分为市场风险、信用风险、清算风险、流动性风险、操作风险和法律风险。美国 COSO(2004)指出企业风险来自企业外部和企业内部因素，外部风险又可以分为经济风险、社会风险、政治风险、自然环境风险和技术风险，内部风险又包括基础结构风险、人员风险、流程风险和技术风险。汉斯·乌里希·德瑞克(2004)认为企业风险主要有五类:组织风险、政策风险、技术风险、人员风险和外部风险。John J. Hampton(2009)也指出企业风险可以分为三类:一是企业运营过程中存在的商业风险(business risk),包括企业的产品、服务、技术、消费者偏好等;二是财务风险(financial risk),包括企业的现金流、高利率成本等;三是灾害风险(hazard risk),主要包括资产的物理损害、火灾等自然灾害,这些因素属于可保风险范畴。我国《中央企业全面风险管理指引》(2006)认为企业风险可以分为战略风险、财务风险、市场风险、运营风险和法律风险5大类。我国《民营企业风险管理指引手册》(2009)又进一步把企业风险分为战略风险、市场风险、运营风险、法律风险和财务风险5大类69个小项。表2.2列出了一些实践中较为常用的风险分类。

表 2.2　风险分类表

分类提出者	类别	细分
COSO(2004)	外部风险	经济风险
		自然环境风险
		政治风险
		社会风险
		技术风险
	内部风险	基础结构风险
		人员风险
		流程风险
		技术风险
AIRMIC/ALARM/IRM(2002) CAS(2003)		财务风险
		战略风险
		运营风险
		灾害风险
巴塞尔委员会(Basel II) 国际证券组织联合会(IOSCO)		市场风险
		信用风险
		清算风险
		流动性风险
		操作风险
		法律风险
中央企业全面风险管理指引(2006) 民营企业风险管理指引手册(2009)		战略风险
		财务风险
		市场风险
		运营风险
		法律风险

巴塞尔委员会和国际证券组织联合会是国际性的金融机构,他们着重对金融企业面临的风险进行分类,而 COSO、AIRMIC/ALARM/IRM、CAS 以及我国的《中央企业全面风险管理指引》、《民营企业风险管理指引手册》侧重对工业企业面临的风险进行分类,因此后者的分类方法更贴近本论文的研究内容。

根据企业风险的定义,在对国内外文献系统梳理的基础上,结合浙江省工业企业当前面临的实际情况,本书将企业面临的风险分为企业内部风险和外部环境风险两大类。企业内部风险包括企业内部的财务风险、运营风险、战略风险;企业外部风险主要是指企业面临的宏观经济环境风险,如利率风险、汇率风险等。

2.2　企业风险的成因与形成机理

2.2.1　企业风险的成因

企业风险是客观存在的,给企业生产经营目标的实现带来负面影响的不良事件发生的可能性。这些"给企业生产经营带来负面影响的不良事件"既可能产生于企业内部,也可能来自于企业外部环境的影响。

Gerry Dickinson(2001)认为企业风险的形成既有其外部因素,又有其内部因素。形成企业风险的外部因素中,一些与企业竞争的市场有关,如市场新进入的生产者、消费者偏好的改变、新产品的出现等,还有经济、金融市场环境、政治、法律、技术、人口环境变化等,也会引起企业的风险。其中,大多数因素不是通过企业风险管理可以控制的,在建立企业风险模型时需要进行甄选。形成企业风险的内部因素也有很多,如人为失误、欺诈、系统失败、生产故障等,这些因素一般称之为"操作风险"或者"运营风险"。企业风险的形成大致可以用图 2.1 表示。

英国保险及风险管理人协会在 AIRMIC/ ALARM/IRM:2002 标准中将导致企业风险形成的内外部因素归纳为四类,即战略风险、财务风险、操作风险和灾害风险。AIRMIC/ALARM/IRM:2002 标准清晰地指出企业既要面临来自外部的财务风险(利率、汇率、信贷等的变化)、战略风险(包括消费者需求、消费者偏好、产业调整、竞争等变化)、运营风险(董事会组成、文化、规则等)和灾害风险(合同、自然环境、生产者和环境等),也要面临企业内部的财务风险(流动性和现金流)、战略风险(研发、人力资本)和运营风险(会计控制信息系统),还要面临企业内外部因素交互作用带来的风险,如企业并购整合、人才招聘、供应链、公众进入、员工、财产、产品及服务等（如图 2.2 所示）。

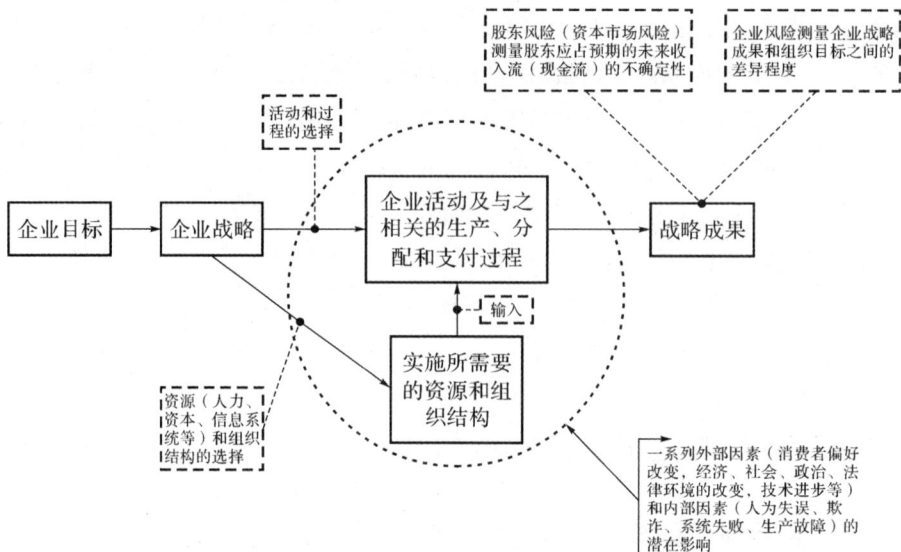

图 2.1　企业风险形成图（Gerry Dickinson，2001）

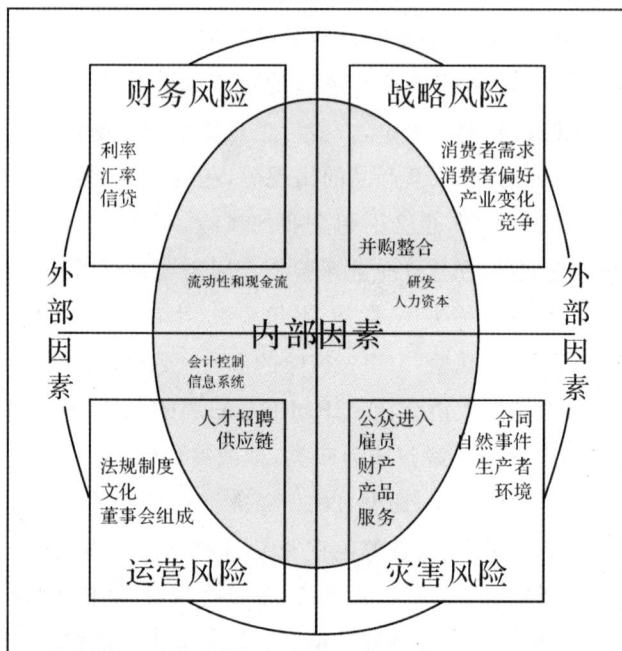

图 2.2　AIRMIC/ALARM/IRM：2002 标准风险形成图

由此可见,企业风险的成因是多方面的,但不外乎企业外部风险因素、企业内部风险因素以及内外部交互作用产生的风险因素。

2.2.2 企业风险的形成机理

从文献上看,国内外尚未有学者进行完善的企业风险的形成机理分析,但是许多学者从不同维度分析了企业风险形成的影响因素。国外许多财务、金融和保险类期刊中的文献关注企业财务指标对企业风险形成的影响,并运用采集的财务数据进行了实证研究,研究发现许多财务指标显著影响企业风险的形成。这类文献关注企业面临的微观层面风险,即企业内部的财务风险和灾害风险,对企业面临的宏观环境风险缺乏考虑,而导致工业企业风险的因素既有其内部因素又有其外部因素。因此,要促进工业经济的可持续发展,必须用整合的观点全面考虑企业面临的内外部因素,必须对企业风险的形成机理进行全面深入的分析。虽然不同学者在分析企业风险的形成机理时所运用的指标不尽相同,但是基本上可以归纳为战略指标、财务指标、运营指标和宏观经济指标四个维度,本研究将从这四个方面综述以往的研究成果。

1. 财务因素

本书通过大量的文献研究发现,企业财务层面的风险可以从企业赢利能力、企业偿债能力、资产管理能力和企业成长能力四个方面进行测量。

(1)企业赢利能力

1977 年 Altman 等人选取了 7 个解释变量建立了 ZETA 模型,其中有两个指标反映了企业的赢利能力,分别是资产报酬率和盈余的稳定性,由此可见企业赢利能力对预测企业财务风险的重要性。近年来,学者们所构建的财务风险预警模型基本也都包含了企业赢利方面的指标。陈乙文和黄玲羢(2005)以净值报酬率、营业毛利率、税前净利率、业外收支率、营业费用率及每股营业净利率代表企业的赢利能力,分别构建了预测企业财务风险的单元 Logit 模型,其模型准确度至少在 75% 以上。周百隆和郭和益(2006)的研究结果表明总资产报酬率在 5% 的显著性水平下与上市公司被列为 ST 公司呈负相关关系。林郁翎和黄建华(2009)的分析显示营业费用率、两年净利是否皆为负这一虚拟变量的值越大,该企业越容易发生财务风险;资产报酬率的值越大,越不容易发生财务风险。

(2)偿债能力

陈乙文和黄铃羢(2005)以速动比率、借款依存度、利息保障倍数代表企业的偿债能力,分别构建了预测企业财务风险的单元 Logit 模型,当低于区别值时预测企业发生财务风险概率的准确度在 65% 以上。周百隆和郭和益(2006)的研究表明负债比率与上市公司被列为 ST 公司呈正相关关系。宋鹏和张信东(2009)基于 Logit 模型进行上司公司财务预警的研究,他们也发现公司的债务资产比率与上市公司被列为 ST 公司呈正相关关系。

(3)资产管理能力

陈乙文和黄铃弐(2005)以总资产周转率、应收账款周转率、存货周转率、固定资产周转率和净值周转率代表企业的资产管理能力,其预测企业发生财务风险概率的准确度在 50%~80% 之间。宋鹏和张信东(2009)的研究表明,总资产周转率对上市公司是否被列为 ST 公司具有统计显著性的影响。林郁翎和黄建华(2009)的分析显示,应收账款周转次数在 5% 的显著性水平下与企业财务风险呈高度的负相关关系。

(4)企业成长能力

陈乙文和黄铃弐(2005)的研究表明,以营业毛利成长率、营业利益成长率、总资产成长率和净值成长率为代表的企业成长能力对企业财务风险的发生有比较强的预测力。岳上植和张广柱(2009)通过 T 检验发现,ST 上市公司与非 ST 上市公司在主营收入增长率、净利润增长率、总资产增长率、股东权益增长率为代表的成长能力方面存在显著性差异。

2. 战略因素

Mintzberg 等(1976)指出公司战略对公司生存具有至关重要的意义。Stephen Gates(2006)通过企业实践的调查问卷指出,应将战略风险纳入企业风险管理,战略风险包括 7 个方面,即行业利润挤压(industry margin squeeze)、技术转移(technology shift)、品牌侵蚀(brand erosion)、同类竞争对手(one-of-a-kind competitor)、消费者偏好的转移(customer priority shift)、新项目的失败(new project failure)和市场停滞(market stagnation),并提出了相应的解决方法。此外,不同产业的企业经营风险和财务风险是不一样的,如高科技企业具有高投入、高风险、高产出的特征。因此,企业战略因素中产业变化对企业风险具有重要作用。Mensah(1984)的研究表明,在相同的宏观经济背景下,不同的产业领域采用不同的企业财务风险预测模型,可有效地提高所构建模型的预测能力。Chava 和 Jarrow(2004)的文献调研与比较结果表明,不同产业领域企业的财务比率特性会有较大的差异,因此企业出现财务风险的情形也会显现很大的差别。其实证研究结果也表明,产业差异对企业财务风险预测模型具有显著影响。张大成、林郁翎和黄继宽(2006)在对预测变量进行标准化的基础上,探讨了产业差异对企业财务风险预测模型的影响,并以交叉验证的方式进行长期试行下模型效力之分析。实证结果显示,考虑不同产业间的差异,对变量进行标准化过程,将有助于提高整体模型的预测力与稳定性。陈志斌、谭瑞娟(2006)研究发现,在传统的预警模型基础上加入行业差异变量,可使模型的预测能力更为精准和科学,由此帮助现代企业提高应对风险的能力。

3.运营因素

股权结构对企业风险有显著影响。Kesner(1987)的研究结果表明,公司的董事、监事持股比率愈高,董事、监事会有强烈的动机来监控管理当局、提升企业经营绩效,因而发生财务风险的可能性就越小。林郁翎、黄建华(2009)的研究结果表明,股权结构对企业财务风险有重要影响,董事、监事持股率与财务风险存在显著的负相关关系,自然人持股率与财务风险存在显著的负相关关系。袁康来、周燕(2009)的研究结果显示,股权集中度越高,发生财务风险的可能性就越小;股权结构中第一控股人为国企时,发生财务风险的可能性就小。可见,国内外学者一致认为股权结构对企业财务风险有显著影响。股权结构的测量指标为董事、监事持股率,自然人持股率和控股人是否为国有。

(1)董事会特性对企业风险的产生具有一定的影响

Daily 和 Dalton(1994)考察了公司治理结构与企业财务风险之间的关联性,他们利用企业破产前五年的财务指标与非财务指标作为控制变量,并采用 Logit 分析法来预测企业财务风险。结果发现破产公司和正常公司在董事会组成的情况、董事长兼任总经理的管理构架和组织构架的相互作用方面确实有显著的不同。林郁翎、黄建华(2009)的研究结果表明,董事会特性对企业财务风险没有显著影响。他们采用的测量指标是经理人占董、监事席位比,外部人士占董、监事席位比,公司是否有独立董、监事,董事长是否兼任总经理,董、监质押比例和平均董、监酬劳。袁康来、周燕(2009)的研究结果显示,董事长是否兼任总经理对财务风险的影响不大,董事会规模的大小虽然在一定程度上对财务风险有一定影响,然而回归系数并不显著。在国外,上市公司较为规范,职业经理人较多,董事长很少兼任总经理。而在国内及台湾地区,上市公司董事长兼任总经理的情况出现概率较国外频繁。而且小规模的董事会虽然精简,协调方便,但由于信息采集、交换的不足,对风险的甄别不全面,因而对财务风险的影响也不甚显著。

虽然回归系数不显著,但是还是有一定影响的。

(2)审计师意见对企业风险的产生有一定影响

Hopwood(1989)的研究表明,在单变量模型中审计师保留意见均有助于预测财务风险,而在多变量模型中只有"对继续经营有疑虑的保留意见"与"其他形态的保留意见"能有效地预测财务风险。邱垂昌(2006)以 1998 年金融风暴期间发生财务风险的上市公司为对象,使用 Logit 回归分析考察保留意见对企业财务风险发生的预测能力。结果发现,台湾会计师所出具之保留意见仅有经营疑虑形态对财务风险的发生具有预警作用,其他三种形态的保留意见对财务风险的发生不具有预警作用。因此,平均而言并无充分证据支持保留意见对财务风险有预警作用。中国的证券市场经过将近 20 年的发展,已经日趋规范成熟,但与欧美等国相比还有不少的差距。作为对照,台湾地区的证券市场具有一定的借鉴意义。邱垂昌(2006)的研究说明,"经营疑虑形态之保留意见"对财务风险还是有预警作用的。Hopwood(1989)的研究采用的是判别分析法,而邱垂昌运用的是 Logit 回归分析。审计师的保留意见是否在 Logit 回归分析中被近似处理,有待进一步检验。国内学者袁康来、周燕(2009)的研究结果显示,被出具标准无保留意见的公司相对于被出具非标准意见的公司发生财务困境的可能性较小,而且解释力最强,各检验值也最为显著。在我国,上市公司发生财务风险(即被 ST),一个重要原因就是审计师出具保留意见。

(3)企业家素质对企业风险的产生具有一定影响

Alves(1978)指出企业风险产生的内部因素有管理方式、组织结构和生产技术等。Spyros Makridakis(1990)通过对美国 16 家风险企业的研究认为,导致企业风险产生的主要因素有组织结构僵化、经营管理不善、认知能力不足等15 项。陈锦婉(2000)认为,我国企业产生风险的根本原因是企业经营者行为的短期化。

(4)公司组织结构对企业风险的产生具有一定影响

Paul Shrivastava(1993)认为企业组织结构对企业风险产生具有重大作用。杨冠琼(2003)指出,企业风险的产生与组织结构不良性密切相关。

(5)CRO 的任命对企业风险的产生具有一定影响

Andre P. Liebenberg 和 Robert E. Hoyt(2003)最早研究 CRO 的任命与企业风险管理之间的关系。Beasley 等(2005)发现,CRO 的任命对企业风险管理具有积极作用。Pagach 和 Warr(2008a)的研究结果表明,大企业倾向于雇用CRO。相比较非雇用 CRO 的企业而言,有 CRO 的企业的成长问题更少。

Pagach 和 Warr(2008b)研究发现,与没有 CRO 的公司相比,有 CRO 的公司提高了资产透明度,降低了收入波动,降低了市价净值比。

4. 宏观经济因素

Rose 等(1982)把宏观经济变量纳入了风险预测模型。Demirguc-Kunt 等(1997)把 13 个宏观经济变量纳入了银行风险的关键因素回归模型,通过实证研究发现,只有四个宏观经济变量,即季度 GDP 增长率、短期利率、通货膨胀率和 M2 货币供给,在分析银行发生风险的可能性时是显著的。Sunti Tirapat 等(1999)通过对泰国风险企业的实证研究表明,宏观经济条件是公司潜在风险的关键指标,Sunti Tirapat 等(1999)在论文中所选用的宏观经济变量是月工业制造业生产指数变化(PMI,monthly growth of the production manufacturing index)、月消费者价格指数变化(CPI,monthly inflation or changes in the consumer price index)、月利率变化(INT,monthly changes in interest rates)、月 M2 货币供给变化(MS2,monthly changes in M2 money supply)。Pesaran 等(2005)的实证研究发现,宏观经济的变化对企业风险有影响。朱延智(2003)认为企业对趋势(政府新的法律、法规,全球性竞争趋势)的判断和掌握的失败是企业产生风险的根本原因。袁卫秋(2005)认为,企业风险的产生与宏观经济形势密切相关,当宏观经济不景气时,企业发生风险的可能性将上升。

2.2.3 小结

综上所述,目前的对企业风险的影响因素研究可以归纳为财务、战略、运营和宏观环境四个方面,具体如图 2.3 所示。

然而,企业所面临的风险非常复杂,目前的研究只涉及其中一部分。我国《民营企业风险管理指引手册》从战略风险、市场风险、运营风险、法律风险和财务风险五个维度定义了 69 种常见的风险点,而这种方法并不能囊括影响企业风险的所有因素。因而,企业风险影响因素的研究还有待进一步的探索。

基于上述文献,本书认为,企业风险的形成主要源于企业战略、企业运营和宏观环境三个方面。但是由于企业财务是企业风险最直观的体现,因此绝大多数学者都把企业财务从企业运营中单独列出,从而形成企业风险影响因素研究的四个方面。

工业企业风险动态预警及全面管理研究

企业风险影响因素图（图2.3）：

战略因素：战略规划、行业利润、新项目投资情况

宏观环境因素：利率、汇率、融资难度、工业制造业生产指数、消费者价格指数、M2货币供给、劳动力成本

企业风险影响因素

财务因素：赢利能力、偿债能力、资产管理能力、成长能力

运营因素：股权结构、董事会特性、审计师意见、企业家素质、组织结构、CRO任命

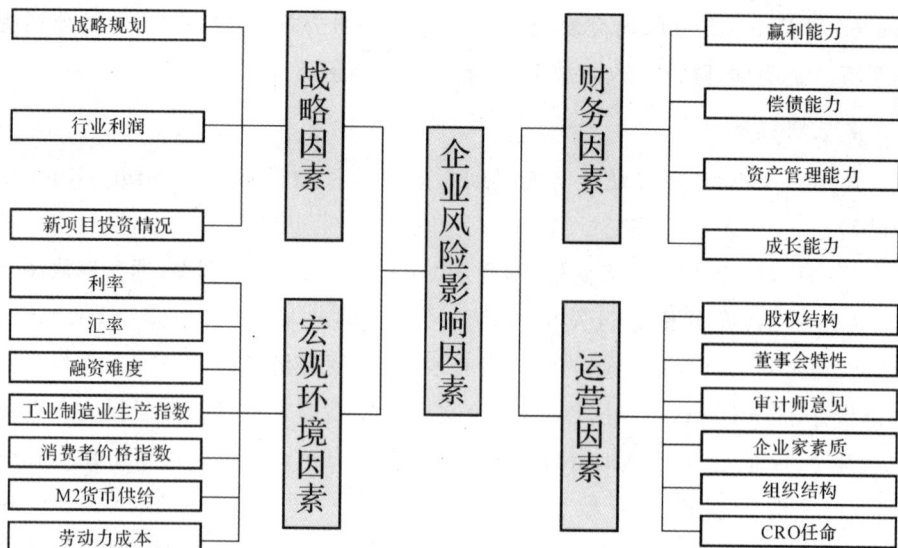

图 2.3　企业风险影响因素图

企业战略是企业为了实现企业目标而采取的行为,其正确与否直接关系到企业目标的实现。如果企业战略不正确或者出现了偏差,企业目标就难以实现,亦即战略失误往往会导致企业风险的形成。

企业运营也称为企业经营与管理,是指企业为实现企业战略而采取的经济活动,即运用最少的物质消耗获得最大的经济利益,包括企业的营销管理、人力资源管理、生产运作管理、财务管理、信息系统管理等。企业运营直接影响企业风险的形成,如企业产品没有销路、企业管理效率低下等都会造成企业风险的产生。

宏观环境因素是企业风险形成的外部因素,通过影响企业战略、企业运营而起作用。企业战略的制定应适应宏观环境的变化,根据宏观环境适度调整企业战略,以免造成风险。宏观环境对企业运营的影响非常大,如新技术的采用对企业生产管理产生重大影响,社会人口结构的变化会对企业人力资源管理造成冲击等,因此宏观环境的变化也会间接导致企业风险的形成。

综上所述,本文提出的企业风险形成机理如图2.4所示。

企业风险形成机理分析的完成,有助于学术界从企业的战略层面、财务层面、运营层面和宏观经济四个维度遴选若干指标,建立企业风险动态预警的指标体系。在后续的研究中,本研究将通过建立企业风险动态预警的 Logit、Probit 回归分析模型和判别分析模型,在企业个体层面上,为企业风险的动态预警提供具有前瞻性和可操作性的工具;通过研发企业风险动态预警指数,在企业总体

(所有产业领域的工业企业)或群体(某个产业领域的工业企业)层面上,为企业的风险动态预警提供具有前瞻性和可操作性的工具。

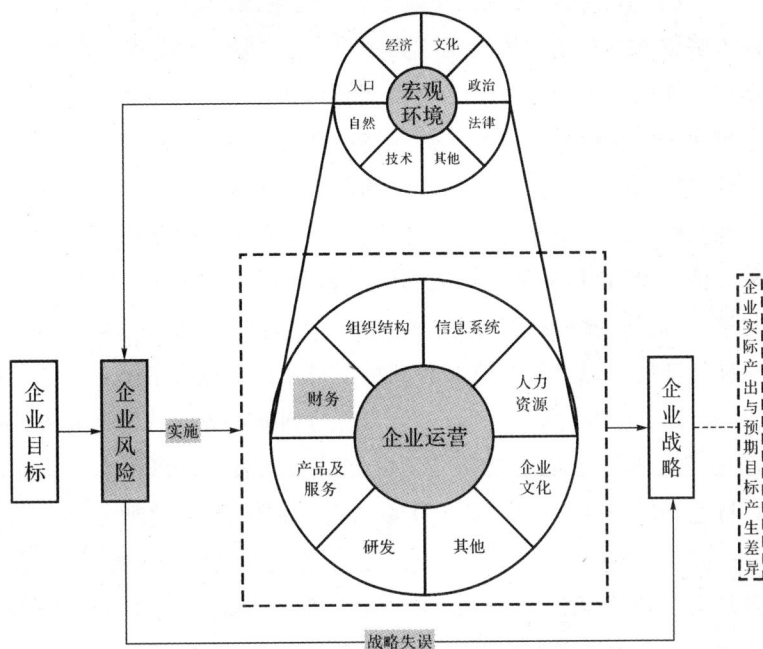

图 2.4　企业风险形成机理图

2.3　企业风险的识别和预警研究

2.3.1　企业风险的识别

对于企业风险的识别,绝大多数学者认为企业发生危机就是风险的结果,因而从结果角度对企业风险进行识别。Beaver(1966)把企业危机定义为宣告破产、债务违约、银行存款透支及无法支付特别股股利。Deakin(1972)认为企业危机"仅包括已经经历破产、无力偿债或者为了债权人的利益已经进行清算的公司"。Altman(1994)认为企业风险是一个广泛的概念,它包括企业发生财务困难时的多种情况,主要为破产、失败、无力偿还债务和违约等。Doumpos 和 Zopounidis(1999)指出,从财务角度看,企业风险包括企业净资产为负、无法偿还债权人的债务、透支银行存款、无法支付优先股股利、货款支付延期、到期利息和本金支付延期等情况。在总结前人研究成果的基础上,Ross 等人(2000)从四个方面进一步概括了企业风险:一是企业无法按期履行债务约定,无法付息还本;二是企业资不抵债,账面净资产为负;三是企业清算后仍无力支付到期的债务;四是企业或者企业的债权人向法院申请该企业破产。

国内大多数学者将企业风险定义为一个过程,既包括较轻微的财务困难,也包括极端的企业破产清算以及介于两者之间的各种情况。谷祺与刘淑莲(1999)将企业危机定义为企业无力支付到期债务或费用的一种经济现象,包括从资金管理技术性失败到破产以及处于两者之间的各种情况。李巧巧(2005)认为财务危机是企业在财务经营中显现的危险,是企业无力支付到期债务或维持必要支出的一种经济现象,包括从资金短缺到濒临破产、破产等情况。朱祥德(2009)的观点与此类似,他认为财务危机是企业因丧失偿付能力而无法支付到期债务或费用的一种经济现象。李伯圣(2008)则指出企业财务危机是企业财务关系恶化的表现,是财务状况的特殊表现形态,无力支付到期债务或费用是财务危机的短期表现,企业创造现金流能力的持续下降是其长期表现。以上有关企业风险的识别各具特色,但是有些定义在研究中缺乏可操作性,难以将研究对象量化及客观化。另一方面,迄今为止在我国尚无一家上市公司被破产清算,被特别处理的股票大多是由于"连续两年亏损或每股净资产低于股票面值",因此,国内学者一般把风险企业界定为被实施特别处理(ST)的上市公司。

2.3.2 企业风险的预警研究

企业风险预警是企业风险管理的重要方面,是对企业风险进行有效规避、转移和化解的前导步骤。因此,研究企业风险的形成机理、建立科学的企业风险预警模型、对企业进行有效风险管理至关重要。鉴于企业外部环境和内部运营的不断发展,企业风险预警问题已经成为学术界、企业界和政府部门所关注的焦点,国内外不少学者对此做出了研究,得出了很多有益的结论,但绝大多数学者从企业的财务指标来测量企业的风险,缺乏对企业的风险因素进行全面的分析和测量。目前企业风险的预警研究主要集中在企业财务风险、企业市场风险和企业信用风险三个方面。企业市场风险和企业信用风险测量主要侧重对金融机构风险的测量(王志成、周春生,2006),其方法并不能简单套用于工业企业风险的度量。本节将主要介绍企业财务风险预警的方法,并简单介绍企业市场风险和信用风险的度量。

1. 企业财务风险预警方法

企业财务是企业的命脉,是企业风险和危机的最直观反映。企业风险和危机最早体现为企业的财务风险和危机。如果企业财务出现风险而事先没有建立起发现风险的机制或者已有的机制尚不完善,企业经营就会陷入困难,企业危机就不可避免。因此,国内外很多学者从不同的角度建立起企业财务困境预测的理论模型和应用体系。目前,国内外企业财务危机的预警方法主要有单变量判别分析法(UDA)、多变量判别分析法(MDA)、Logit 回归分析、Probit 分析方法和神经网络分析。

Fitzpatrick(1932)最早进行企业财务危机预警研究。他使用单变量判别分析方法,以 19 家企业为研究样本,运用净利润/股东权益和股东权益/负债两个财务比率,将研究企业划分为破产与非破产两组,并构建了单变量的破产预测模型。Beaver(1966)以美国 1954—1964 年期间的 79 家失败企业和 79 家成功企业为研究对象。他的研究结果表明,现金流量/总负债的预测效果较好,在失败前一年可达 87% 的正确预测率;其次是资产负债率,并且发现离企业经营失败的时候越近,模型预测的正确率越高。最早运用多元线性判别模型研究企业财务危机预测问题的是 Altman(1968)。他根据行业和资产规模,以 33 家破产企业和 33 家非破产企业为研究对象,采用了 22 个财务比率,经过数理统计,筛选建立了著名的 5 变量 Z 值模型,在破产前一年的总体判别准确度高达 95%。Altman(2007)研究发现,此后多年,MDA 是盛行的企业危机预测模型的统计技术,许多学者运用了这一方法(Deakin,1972;Edmister,1972;Blum,1974;Eisenbeis,1977;Taffler 和 Tisshaw,1977;Altman 等,1977;Bilderbeek,1979;Micha,1984;Gombola 等,1987;Piesse 和 Wood,1992;Lussier,1995;Altman 等,1995)。Ohlson(1980)采用 Logit 方法研究分析企业的财务危机问题,他从 COMPUSTAT 数据库中选取了 1970—1976 年间 105 家危机企业及 2058 家健康企业为研究对象,采取 9 个财务变量来预测企业财务危机。研究结果表明,其中 4 个变量对企业财务危机预测具有统计显著性,其预测正确率高达 92% 以上。为了提高模型的预测能力,在企业财务危机预测模型中,他引进了 OPNEG 和 INTWO 两个虚拟变量。Altman(2007)认为,自 Ohlson(1980)的研究以后,虽然 MDA 和 Logit 两种方法预测得出的精确度大致相同,但许多学术文献(Zavgren,1983;Gentry 等,1985;Keasey 和 Watson,1987;Aziz 等,1988;Platt 和 Platt,1990;Ooghe 等,1995;Mossman 等,1998;Charitou 和 Trigeorgis,

2002；Becchetti 和 Sierra，2002）都运用 Logit 方法来预测企业财务危机。Zmijewski(1984)认为——配对样本会使样本中财务危机和非财务危机两类公司的比例达到 1∶1，从而严重偏离这两类公司在实际总体中所占的比例。一般而言，财务危机公司在总体中所占比例很小，因此——配对样本方法所建立的模型具有较高的预测能力，但很明显这种预测能力是被高估了。Zmijewski(1984)使用 Probit 分析模型对财务困境进行了预测，研究结果表明的确存在过度选样所带来的模型偏差，但这种偏差并没有显著影响到统计参数和模型的总体预测精度。Coats 和 Fant(1993)对 47 家财务危机公司和 47 家正常公司运用神经网络模型进行判别时，对财务危机公司的预测准确率达到了 91%，明显高于多元判别法 72% 的准确率。

国内也有大量学者运用各种预警方法对上市公司企业财务危机进行了分析。陈静(1999)以我国证券市场 27 家 ST 上市公司作为危机企业样本，同时按同行业、同规模选取了 27 家非 ST 上市公司作为配对样本，运用单变量判别分析法进行分析，结果显示，在上市公司发生财务危机前 1～3 年判定正确率分别为 92.6%、85.2% 及 79.6%。张玲(2000)选取了 14 个行业 120 家上市公司为样本，构建了多元判别分析预警模型。研究结果显示，模型对原始样本 ST 公司（30 家）前 1～5 年的预测正确率为 100%、87%、70%、60% 和 22%。吴世农、卢贤义(2001)分别使用多元线性回归分析、Fisher 线性判别分析和 Logit 回归分析三种方法构建了相应的模型，研究发现三种模型均能在财务危机发生前作出较为准确的判断。姜秀华、孙铮(2001)构建了 Logit 判别模型，并将 0.1 确定为最佳分割点。研究发现，该模型在财务危机发生前 1 年，对 ST 和非 ST 公司判别准确率为 88.1% 和 80.95%。杨宝安等(2001)运用神经网络分析方法对财务危机进行预测。结果发现，模型开发样本的判别正确率高达 95%。

上述企业财务危机预警方法的描述、优缺点及相关文献如表 2.3 所示。

表 2.3 企业财务危机预警方法一览表

预警模型	模型描述	优缺点分析	相关文献
单变量判别分析法	选用某一项财务指标作为判别标准	简单易行，精确度不高	Fitzpatrick(1932)；Beaver(1966)；陈静(1999)
多变量判别分析法（MDA）	通过统计技术，将多个标志变量在最小信息损失下转换为分类变量，获得高预测精度的多元线性判别方程	预测精度较高，但工作量比较大，且适用范围受到限制，多是在近似状态下采用	Altman(1968)；张玲(2000)；吴世农，卢贤义(2001)

预警模型	模型描述	优缺点分析	相关文献
Logit 回归分析	$\ln[p/(1-p)]=a+bx$;寻求观察对象的条件概率,据以判断观察对象的财务状况和经营风险	不需严格的假设条件,预测精度较高,但计算过程复杂,且有很多近似处理	Ohlson(1980);吴世农,卢贤义(2001);姜秀华,孙铮(2001)
Probit 分析方法	利用求极大似然函数求出企业破产的概率	假设条件比较严格,计算过程复杂,有较多近似处理,但预测精度高	Zmijewski(1984)
神经网络分析	由输入层、输出层和隐藏层组成,通过网络的学习和数据的修正得出期望输出,然后根据学习得出的判别规则来分类	没有严格的假设条件,且具有很强的容错性、学习能力和纠错能力,但科学性和准确性还有待提高	Coats,Fant(1993);杨宝安等(2001)

2.企业市场风险预警方法

20世纪70年代布雷顿森林体系崩溃,国际金融市场汇率和利率变动加剧,市场风险成为金融企业面临的重要风险。对金融企业市场风险测量的主要方法有波动率模型和VAR(Value at Risk)模型。

Poon 和 Granger(2002)指出,波动率模型按其模型构建思想又可以分为四类:使用历史波动率进行移动平均或加权方法的模型、时变参数的 GARCH 系列模型、随机波动率模型和通过衍生产品的内含波动率模型。由于这些测量方法都是针对金融企业的市场风险,对工业企业风险预警的借鉴意义不大,而且王志成等(2006)已经做过详细介绍,本书不再赘述。

VAR 模型即向量自回归模型被认为是对银行和其他金融机构的市场风险进行度量的最佳方法。1993 年,G30 的全球衍生品研究小组提出了度量市场风险的 VAR 方法,J. P. Morgan(1994)推出了计算 VAR 的 Risk Metrics 风险控制模型,被众多金融机构广泛采纳。这一模型最初由希姆斯(C. A. Smis)于1980 年提出,在一个含有 n 个方程(被解释变量)的 VAR 模型中,每个被解释变量都对自身以及其他被解释变量的若干期滞后值回归,若令滞后阶数为 k,则 VAR 模型的一般形式可用下式表示:

$$Z_t = \sum_{i=1}^{k} A_i Z_t - i + V_t$$

其中:Z_t 表示由第 t 期观测值构成的 n 维列向量;A_i 为 $n \times n$ 系数矩阵;V_t 是由随机误差项构成的 n 维列向量,其中随机误差项 $v_i(i=1,2,\cdots,n)$ 为白噪音过程,

且满足 $E(v_{it}v_{jt}) = 0(i,j = 1,2,\cdots,n,$ 且 $i \neq j)$。

3.企业信用风险预警方法

KMV 模型是 1997 年由美国 KMV 公司(现已被穆迪 Moody 公司收购)开发的用于度量企业信用风险的模型。KMV 模型认为,股权是企业资产的看涨期权,以股票的市场数据为基础,利用默顿的期权定价理论,估计企业资产的当前市值和波动率,再根据公司的负债计算出公司的违约点(为企业 1 年以下短期债务的价值加上未清偿长期债务账面价值的一半),然后计算借款人的违约距离(即企业距离违约点的标准差数),最后根据企业的违约距离与预期违约率(EDF)之间的对应关系,求出企业的预期违约率。国内外许多学者的实证研究结果表明,KMV 模型具有较强的违约预测能力和预测企业破产概率的能力。

2.4 企业风险管理理论的演进

风险存在的普遍性和客观性,决定了企业必然面临来自企业内部和企业外部环境的各式各样的风险,要实现企业的可持续发展,就必须对这些风险进行有效管理。企业风险管理理论是风险管理理论发展和衍生的产物。按照从事风险管理的主体分,风险管理可以分为个人风险管理和组织风险管理。组织风险管理又可以进一步分为企业风险管理和公共部门风险管理(古步刚,2006;于树伟,2006;张倩瑜、周慧瑜、王明德,2006)。本书将着眼点定位于工业企业,因此下文将对工业企业风险管理的理论与实践作一系统梳理。

2.4.1 企业风险管理的定义

企业风险管理(Enterprise Risk Management,ERM),又称为全面风险管理(Comprehensive Enterprise Risk Management,CERM)、综合风险管理(Integrated Risk Management)和全球风险管理(Global Risk Management),是针对企业面临的所有风险进行管理。

阿瑟·威廉姆斯(1990)在《风险管理与保险》一书中认为,风险管理是"根据组织的目标或目的,以最少费用,通过风险识别、测定、处理及风险控制技术把风险带来的不利影响降低到最低程度的科学管理"。伯恩斯坦(1996)也认为"风险管理的精髓在于,最大化我们能对结果进行控制的领域,最小化那些因果关系隐藏在我们身后、无法控制的领域"。我国学者陈秉正(2003)指出:"风险管理是通过对风险进行识别、衡量和控制，以最小的成本使风险损失达到最低的管理活动。"从这些定义中可以归纳出风险管理是针对各种风险的管理活动的总称，其目的是以最小的成本使风险造成的损失降到最低。目前，国际组织、发达国家和我国对企业风险管理的认识主要有：

（1）国际组织的定义

国际内部审计师协会《内部审计实务标准》（2004）认为："风险管理指确认、评价、管理和控制潜在事件或情况的一个过程，其目的是为实现组织目标提供合理保证。"亚洲风险与危机管理协会（2006）认为："企业风险管理是企业在实现未来战略目标的过程中，试图将各类不确定因素产生的结果控制在预期可接受范围内的方法和过程，以保障和促进组织的整体利益实现。"国际标准化组织（ISO）在其颁布的 ISO 31000（2009）中把风险管理界定为"针对风险指挥和控制组织的协调活动"，并且指出了风险管理的框架、方针、计划和过程。

（2）发达国家的定义

美国 COSO 对企业风险管理的定义如下：企业风险管理的主要目的是识别影响企业经营活动的潜在事项，并对这些风险事项进行管理，使其能被企业所接受，并为企业目标的实现提供保障。企业风险管理由企业董事会、管理部门和企业人员实施，并应用于战略制定，贯穿于企业整个经营活动的过程。澳大利亚—新西兰风险管理标准 AS/NZS 4360 把风险管理看作一个过程，并给出了这个过程的一般定义，即风险管理应分为通信和咨询、建立环境、风险识别、风险分析、风险处置、风险监控与回顾七个步骤。

（3）我国的定义

《中央企业全面风险管理指引》（2006）第一章第四条所下的定义与美国COSO 类似，也认为企业风险管理是一种过程和方法，主要内容包括风险管理的策略、理财措施、组织体系、信息系统和内部控制系统，其主要目标是为实现企业总体经营目标提供保障。《内部审计具体准则第 16 号——风险管理审计》第二条认为，风险管理是识别与评估影响企业目标实现的不确定性，并将这些不确定性控制在可以接受的范围内的过程，其主要目标是为企业组织目标的实现提供合理保证。《国家投资开发公司全面风险管理暂行规定》认为风险管理是指遵循风险管理的基本流程，运用风险管理的技术方法和手段，辨识和评估风险，并制定相应的风险管理战略，对之进行有效监控、预警、规避、转移、化解风险的全过程。

从上述文献上看，不同学者和不同机构大致从以下三个角度对企业风险管理做出了定义：

（1）从战略角度看,企业风险管理关系到企业目标的实现。正因为风险无处不有、无所不在,企业也不可避免地面临各种各样的来自企业内部和外部的风险。"企业风险管理是应对各种各样威胁组织战略目标实现的风险的方法,以建立企业竞争优势。"(John J. Hampton,2009)

（2）从功能角度看,企业风险管理是减少企业风险的活动。毕马威会计师事务所认为,企业风险管理是通过协调战略、流程、人、技术和知识,管理企业面临的不确定性,从而增加企业价值的严格方法(John J. Hampton,2009)。

（3）从过程和方法角度看,企业风险管理是企业经营者为管理风险所采取的措施和方法。如澳大利亚—新西兰风险管理标准 AS/NZS 4360(1995)、美国 COSO 企业风险管理整合框架等。

结合上述观点,本书认为风险管理具有以下几个因素:(1)应用于战略制定;(2)由组织各个层级的人员实施;(3)对风险进行辨识、评估,并有效监控、预警、规避、转移、化解风险的动态过程;(4)其目的是以最小的成本使风险造成的损失降到最低程度,从而为主体目标的实现提供合理保证。

因此,本书对企业风险管理做出如下定义:企业风险管理是在企业战略目标的指导下,由企业各个层级人员实施的,旨在保证企业目标实现的,对风险进行辨识、评估,并有效监控、预警、规避、转移、化解风险的动态过程。

2.4.2　企业风险管理的理论研究

1.企业风险管理的起源

风险管理最远可以追溯至远古时代。为了减少来自食物、保暖、生命安全的不确定性和风险,人类的祖先"智人"(homo sapiens)充分运用他们的经验,思考并采取了一系列的措施来保护自己,这可以视为风险管理的起源(H. Felix Kloman,2010)。古希腊学者修昔底德指出"事件的进程与人们的计划、期望与结果之间存在着鸿沟"(Robin Lane Fox,2006)意即存在不确定性和风险。这是由于当时的人们受到各种因素的制约,把这种不确定性归咎于命运。因此,修昔底德被西方一些学者认为是"风险管理之父"(H. Felix Kloman,2010)。

我国伏羲时代的"先天八卦"以及后来的周文王"后天八卦",都是为了规避风险而进行占卜,从而采取一定的措施来实现诸如农作物丰收、仕途顺利等目标,这也可以视为我国早期的风险管理。古籍夏箴中记载了一段话:"小人无兼年之食,遇天饥,妻子非其有也;大夫无兼年之食,遇天饥,臣妾舆马非其有也;国无兼年之食,遇天饥,百姓非其有也。戒之哉！弗思弗行,祸至无日矣。"二十四节气的发明,顺应农时,保障农作物丰收。这些都说明我国古人早在七八千年前就极具风险意识,并且有了对风险进行管理的方法。

文艺复兴运动使人类思想得到解放,否定了"不确定性是命运决定"的思想,风险管理的思想才得以涌现。指南针的广泛使用,规避了航行错误的风险,对哥伦布发现新大陆起到了重要作用。而哥伦布发现新大陆也证明了"地圆说",否定了之前的"天圆地方说",使人类的思想得到进一步的解放。而文艺复兴之后数理统计技术的发展使得风险的预警和管理成为可能,对推动风险管理模型和技术的发展具有至关重要的作用。表 2.4 列出了文艺复兴时期以来推动风险管理理论与实践发展的数理统计技术。

表 2.4 数理统计技术的发展

人 物	贡 献
Leonardo Pisano	引入使用阿拉伯数字
Luca Paccioli	发明复式簿记
Girolamo Cardano	测量掷骰子的概率
Blaise Pascal	推出概率论
John Graunt	推出统计表
Daniel Bernoulli	提出效用的概念
Jacob Bernoulli	提出了大数理论
Abraham de Moivre	提出了标准差
Thomas Bayes	统计推论
Francis Galton	提出了均值回归
Jeremy Bentham	提出了供需法则

伯恩斯坦(1996)指出,人类思想得到解放后,可以"审视过去",甚至"预测不确定的未来"。当历史发展到工业社会后,保障工业企业的可持续发展的重要性日益突出,这就要求对工业企业面临的各种各样的风险进行有效管理,企业风险管理就应运而生。

2. 企业风险管理的发展

关于企业风险管理产生的时间和地点,存在两种观点。一种观点认为风险管理产生于 20 世纪一战后的德国,当时德国发生严重通货膨胀,经济衰竭,因此产生了企业运营管理思想的研究(哈林顿·尼豪斯,2005)。但大多数学者认为现代意义上的风险管理起源于 1931 年的美国,其标志是美国管理协会保险部开始研究风险与保险问题。随着企业在国民经济和社会发展中的重要性日益凸显,企业风险管理的理论与实践也不断发展。近些年来,世界各国的学术界、企业和政府都越来越意识到企业风险管理的重要性,几乎所有行业的大公司都把企业风险管理作为企业管理的重要内容。企业风险管理甚至被称为 2004 年二十大思想突破之一。

本书通过对国内外大量的文献研究发现,现代企业风险管理的发展主要体现在四个方面(如表 2.5 所示):一是国际知名企业重大风险事件的发生,如 1953 年通用汽车公司 5000 万美元的重大火灾损失,是企业风险管理发展的催化剂,推动了企业风险管理的深入发展;二是与企业风险管理有关的学术理论的发展,如投资组合理论,促进了企业风险管理的深入研究;三是国际性或区域性企业风险管理机构的设立,对推动企业风险管理理论与实践的普及和发展起到非常重要的作用;四是一些有关企业风险管理的重要标准、法案和文件的出台,对企业风险管理实践具有重大指导意义。

国际知名企业风险事件的发生,表明企业风险管理出现的必要性。20 世纪 50 年代早期和中期,美国诸多大公司连续发生重大损失,特别是 1953 年美国通用汽车公司 5000 万美元的重大火灾损失,使学术界和政府部门认识到企业风险管理的重要性。1987 年美国股票市场遭遇"黑色星期一",引起对证券市场的风险和波动性的关注。1995 年,Barings 银行倒闭,说明对金融机构运营风险管理的重要性。2000 年,"千年虫"没有引起轰动性的风险,被认为是风险管理界"成功的风险管理"。进入 21 世纪,国际知名企业风险事件频发,如 2001 年安然·安达信丑闻曝光和".com 泡沫",以及 2007 年爆发的美国次贷危机和欧洲债务危机,都呼唤全面而有效的风险管理。

企业风险管理有关学术理论的发展,推动了企业风险管理研究的不断深入。1956 年,Snider 提出风险管理概念。1962 年,《风险管理之崛起》出版,该书是世界上第一本风险管理领域的专著,它的出版极大地推动了风险管理理论与实践的发展(石玉英,2005)。1963 年,《企业的风险管理》一文刊登在美国的《保险手册》上,企业风险管理开始引起欧美各国的重视。概率论和数理统计方法在风险管理领域的运用,使风险管理从经验走向科学。此后,风险管理成为企业管理领域的一门独立学科,专家学者开始系统化、专门化地研究企业风险管理(严复海,2007)。20 世纪 60、70 年代,风险管理开始进入大学教育,美国各主要大学都相继开设了风险管理课程,传统的保险系把教学重点从单纯的保险转移到风险管理方面,有的大学甚至把保险系的名称改为风险管理和保险系;美国大多数大企业也专设了风险管理部门。自此,企业风险管理成为公司的三大管理活动(策略管理、经营管理和风险管理)之一。

国际性或区域性企业风险管理机构的设立,对推动企业风险管理理论与实践的普及和发展起到非常重要的作用。1720年,英国成立了世界上第一家保险公司,开始关注可保风险。1914年,美国风险管理协会的前身Robert Morris协会在美国费城成立,开始关注信贷风险。1973年,日内瓦风险管理协会(Geneva Association)成立并将风险管理的思想引入欧洲。1975年,美国保险管理协会更名为风险和保险管理协会,表明其功能实现了从保险管理向风险管理的转变。1979年,国际风险管理协会成立,风险管理走向国际化。20世纪80年代,风险管理进入亚洲和非洲。1993年,企业中出现了首席风险总监CRO(Chief Risk Officer)这一职务,表明风险管理受到企业的高度重视。1996年,世界性的风险管理专家协会(GARP)成立。

有关企业风险管理的重要标准、法案和文件的出台,对企业风险管理实践具有重大指导意义。1966年,美国保险协会推出"风险管理"认证项目,主要关注企业可保风险的管理。1989年,COSO内部控制管理框架公布。1995年,澳大利亚—新西兰4360公布,这是全球第一个企业风险管理标准。2001年,加拿大颁布国家标准《风险管理:决策者指南》。2002年,英国公布了《AIRMIC/ALARM/IRM》标准。2004年,美国COSO出台了《企业风险管理整合框架》。2006年,我国出台了《中央企业全面风险管理指引》,标志着我国首个风险管理框架的出台。2009年,国际标准化组织颁布了风险管理标准ISO 31000。

表 2.5 企业风险管理发展的体现(根据有关材料整理)

	时间	事件	作用
知名企业风险事件	1953	通用汽车公司5000万美元的重大火灾损失	企业可保风险管理的重要性
	1987	美国股票市场遭遇"黑色星期一"	证券市场的风险和波动性
	1995	Barings银行倒闭	金融机构运营风险管理的重要性
	1998	LTCM长期资本管理公司金融衍生物交易中损失40亿美金	/
	2000	"千年虫"未出现	成功的风险管理
	2001	安然·安达信丑闻曝光	/
	2001	".com泡沫"	/
	2007	美国次贷危机	/

工业企业风险动态预警及全面管理研究

续表

	时间	事 件	作 用
风险管理理论的发展	1915	Friedrich Leitner 在德国柏林发表 *Die Unternehmensrisiken*	论文关注了风险以及保险对策
	1921	奈特发表《风险、不确定性和利润》	区分了风险与不确定性,奠定了风险管理的基石
	1928	John von Neumann 发表了关于博弈论的论文,1944 年,他和 Oskar Morgenstern 发表了《博弈论与经济行为》	提供了风险管理技术
	1952	Marlowitz 发表组合选择理论	提供了复杂财务风险测量方法
	1956	Snider 提出风险管理概念	风险管理概念首次提出
	1962	Douglas Barlow 提出"成本风险"	区分了保险和保险风险管理,提出了财务风险和政治风险等一些概念
	1962	《风险管理之崛起》出版	世界上第一本风险管理的专著
	1963	《保险手册》刊载了"企业的风险管理"一文	/
	1972	Kenneth Arrow 设想了一个完美的世界,所有不确定性都是可保的	/
	1973	Black & Scholes 提出期权定价公式	提供了风险管理技术
	1974	瑞典 Gustav Hamilton 提出了"风险管理圈",用图表展现了各种因素的交互作用	提出了"风险管理圈",分析了风险因素
	1979	Daniel Kahneman 和 Amos Tversky 提出了"前景理论"	不确定情况下个人判断和决策
	1987	Vernon Grose 发表 *Managing Risk：Systematic Loss Prevention for Executives* 一书	企业风险评估和管理的入门书
	1996	Peter Bernstein 发表《与天为敌：风险探索传奇》一书,成为欧美畅销书	介绍了风险及其管理思想的发展史
风险管理机构的发展	1720	世界上第一家保险公司在英国成立	开始关注可保风险
	1914	Robert Morris 协会在美国费城成立,主要关注信贷风险,2000 年更名为风险管理协会	开始关注信贷风险
	1973	日内瓦协会(Geneva Assoriation)成立	风险管理、保险和经济理论相结合
	1975	美国保险管理协会更名为风险和保险管理协会	实现从保险管理到风险管理的转变
	1979	国际风险管理协会(IRM)成立	风险管理国际化
	1980	风险分析学会(SRA)成立	/
	1986	伦敦成立了风险管理研究所	/
	1993	首席风险总监(CRO)的职务出现	管理"风险的所有方面"
	1996	世界性的风险管理专家协会(GARP)成立	/
	2003	亚洲风险与危机管理协会(AARCM)成立	/

	时间	事　件	作　用
重要标准、法案和文件	1928	美国国会通过了 Glass-Steagall 法案	将商业银行与投资银行相分离,并限制银行提供的金融产品的种类
	1934	美国证券交易法公布	/
	1945	美国国会通过 McCarran-Ferguson 法案	制约了保险业的发展
	1966	美国保险协会推出"风险管理"认证项目	关注企业保险管理
	1989	COSO 内部控制管理框架公布	/
	1992	巴塞尔Ⅰ协议发布	
帮助金融机构测量信贷和市场风险	1995	澳大利亚新西兰 4360:1995 发布	全球第一个企业风险管理标准出台
	1999	Bassel Ⅱ 新资本协议修订	/
	2001	美国国会通过赛班斯—奥克斯法案	/
	2002	加拿大颁布国家标准《风险管理:决策者指南》	/
	2002	英国公布 AIRMIC/ALARM/IRM 标准	/
	2004	巴塞尔资本协议Ⅱ公布覆盖了企业运营风险	/
	2004	COSO 委员会出台 COSO 框架	/
	2006	中央企业全面风险管理指引颁布	我国第一个风险管理框架
	2009	ISO 31000 风险管理标准发布	/

3. 企业风险管理的三阶段

企业风险管理发展至今经历了三个阶段:关注"纯粹风险"(pure risk)的企业风险管理阶段、关注"投机风险"(speculative risk)的企业风险管理阶段和全面风险管理阶段(Stephen P. D'Arcy,1998;Gerry Dickinson,2000)。

关注"纯粹风险"的企业风险管理阶段(20 世纪 30—70 年代)。这一阶段的主要特征是企业把一些类型的风险转移给保险公司,这些风险主要有自然灾害、意外事故、人为错误和欺诈等"纯粹风险"。随着保险市场范围的扩大,一些商业风险如信贷风险等也逐渐转移给保险公司。这一阶段可以追溯到 1870 年英国成立世界上第一家保险公司。1931 年美国管理协会保险部开始研究风险与保险问题是这一阶段开始的标志。

关注"投机风险"的企业风险管理阶段(20 世纪 70—90 年代)。随着 1972 年布雷顿森林体系的瓦解和 70 年代石油价格的波动,企业不再只关注可保风险,开始关注商品价格风险、股票风险和利率风险等金融风险,开始运用远期、期货、掉期交易和期权等金融衍生物对冲企业面临的金融风险。这一时期的主要特征是企业开始更加关注各种类型的金融风险,如汇率、商品价格、利率金额股票价格。

全面风险管理阶段(20 世纪 90 年代至今)。由于不恰当地运用金融衍生物、金融模型的失败和对于金融衍生物不恰当的会计记账手段,一系列金融公司相继垮台,如巴林银行的倒闭、安然和安达信公司的破产,企业开始运用灾害风险管理(hazard risk management)、内部控制(internal control)、内部审计(internal audit)、合规(compliance)等综合手段全面管理企业的风险,以最优化公司价值。这一时期的主要特征是企业认识到应当全面地认识企业所面临的风险,并进行全面管理。这一时期的开始可以 1993 年全球首个 CRO 的出现和1995 年全球第一个企业风险管理标准——澳大利亚—新西兰 4360 的发布为标志。

2.4.3 企业风险管理的实践研究

由于第 3 章将全面介绍国内外企业风险动态预警与全面管理的经验,因此这里不再赘述。

2.5 研究发展动态分析

从企业风险预警和管理的理论和实践上看,目前企业风险预警和管理方面的研究存在以下几个不足:

(1)企业风险形成机理方面的研究不足

现有研究缺乏对企业风险进行预警的全面研究。究竟有多少因素影响企业风险的形成,哪些因素是影响企业风险形成的关键因素,其作用机理如何,尚未有学者对此做出全面的解释。现有的企业风险预警方法研究集中于从财务层面对企业风险进行预警,没能从企业的财务、战略、运营和宏观经济四个层面综合地预警,因此亟须深入发掘运用综合因素对企业风险进行预警的方法。

(2)企业风险预警和管理的研究还停留在专家主观判断阶段

企业风险管理研究虽然已经进入到全面风险管理阶段,但是研究的重点围于研究风险管理的框架和流程,从组织架构和风险管理的流程角度讨论了怎样对风险进行管理。ISO 31000、COSO 企业风险管理整合框架和 AS /NZS 4360

都只提供了风险管理的理论框架,并没有阐述这些框架形成的基础,也没有运用相关的数据、案例进行实证分析。造成的结果是企业风险的预警和管理需要依靠某些专家的主观判断,这样的预警和管理方法很不科学,亟须运用客观的、科学的、合理的方法对企业风险进行有效预警和管理。

(3)企业风险预警和管理的实证研究严重不足

Subramanian R. Iyer 等(2009)通过对学术文献和学术研究数据库(如 SSRN 等)的研究,发现到目前为止符合 ERM 定义的企业风险管理的实证研究只有 15 篇。因此,建立科学的企业风险预警指标体系,运用相关数据建立企业风险预警模型,是企业风险预警与管理的研究趋势之一。

(4)对企业风险进行有效管理的政策研究严重缺乏

目前的研究主要讨论企业个体层面如何对企业风险进行预警和管理,尚未发现有从企业群体层面(行业角度)、企业总体层面(政府角度)对风险进行预警和管理的研究。随着企业风险的复杂化和多元化,企业个体对工业经济的影响也日趋加大,而政府要对企业风险进行宏观调控,需要有一套完整的应对企业风险的策略,对企业风险进行有效管理的政策需求也日益显现。

第3章 国内外工业企业风险的动态预警及全面管理的研究

　　我国的风险管理理论研究始于恢复保险业务以后,风险管理实践起步更晚,与国外相比差距很大。因此,学习和借鉴国外先进的风险管理标准,探讨其成功的经验和失败的教训,总结我国目前的企业风险管理的经验教训,必将全面促进我国风险管理水平的提高。

　　目前,在世界范围内影响较大的企业风险管理办法主要有 ISO 31000、澳大利亚—新西兰 4360 风险管理标准(AS/NZS 4360:1995)、美国 COSO 企业风险管理整合框架、加拿大风险管理标准《决策者的指南:加拿大国家风险管理指南》(CAN/CSA-Q 850-97)、英国风险管理标准《项目管理第三篇:与商业相关的项目风险管理指南》(BS-6079-3:2000)和日本风险管理标准(JISQ 2001:2001)。以下将从国际组织、发达国家和我国三个角度着重介绍不同国家或组织的风险管理的经验。

3.1　国际组织:风险管理的原则、框架与过程

3.1.1　国际标准化组织 ISO 31000(2009)

　　ISO 31000(2009)风险管理原则和指南从风险管理的范围、术语和定义、原则、框架、过程五个方面详细提供了风险管理的通用性指南。范围、术语和定义在前一章已做了详细介绍,这里着重介绍风险管理的原则、框架和过程。

1. 风险管理原则

ISO 31000 认为有效的风险管理应遵循如图 3.1 所示的各项原则。

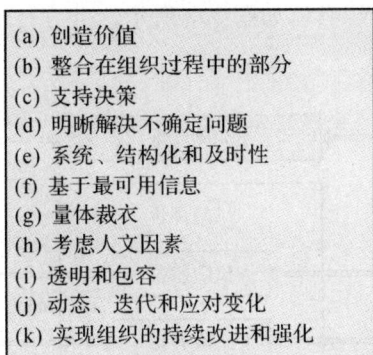

> (a) 创造价值
> (b) 整合在组织过程中的部分
> (c) 支持决策
> (d) 明晰解决不确定问题
> (e) 系统、结构化和及时性
> (f) 基于最可用信息
> (g) 量体裁衣
> (h) 考虑人文因素
> (i) 透明和包容
> (j) 动态、迭代和应对变化
> (k) 实现组织的持续改进和强化

图 3.1　ISO 31000 风险管理的原则

2. 风险管理框架

风险管理的成功取决于提供将风险管理嵌入整个组织所有层次的基础和安排的管理框架的有效性。框架有助于通过在组织不同层次和特定状况内应用风险管理过程,有效地管理风险。框架确保从风险管理过程取得的风险信息充分地被报告,以及作为决策和所有相关组织层次责任的基础。ISO 31000 第四款描述了风险管理框架的必要要素和其以迭代的方式相互作用的方法,如图 3.2 所示。

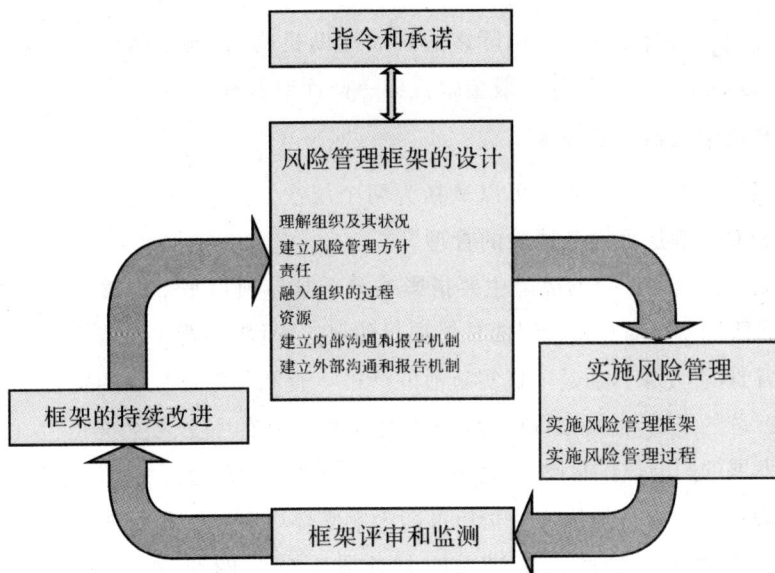

图 3.2　ISO 31000 风险管理的框架

3. 风险管理过程

ISO 31000 风险管理的过程由沟通和协商、明确状况、风险评价、风险处理、监测和评审五个活动组成,具体如图 3.3 所示。

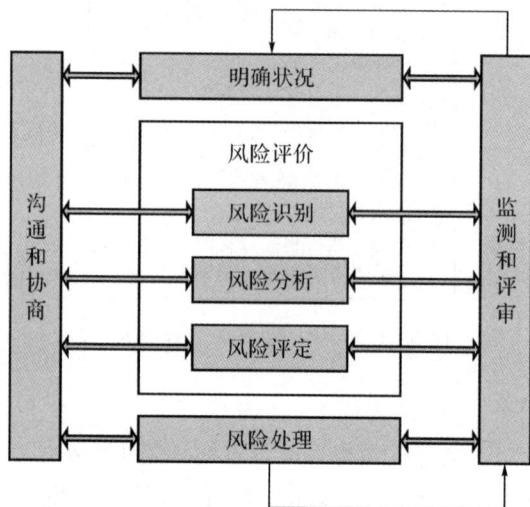

图 3.3　ISO 31000 风险管理的过程

3.1.2　世界银行

世界银行将自己定位为国际多边发展援助机构,其业务活动带有金融机构的性质,也就不可避免地像一般金融机构一样面对各种风险。

1. 风险管理的层次分类

世界银行对风险的管理可以概括为两个层次,即对微观层面具体项目风险的管理和对宏观层面财务风险的管理。

微观层面具体项目的风险主要指影响单个具体项目是否能够达到预期目标的各种风险因素。对于微观层面具体项目的风险,世界银行主要依靠具有相关专业技术背景的"专家",通过项目实施前的严格审查和实施过程中的监督进行防范和管理。总的来说,世界银行更为看重具体项目对自然环境、社会文化和项目国宏观经济发展的影响,对项目本身直接产生的经济效益和现金流的关注相对较少。

宏观层面的财务风险主要是指可能影响整体财务状况和正常经营的各种风险因素。世界银行将其宏观层面的财务风险分为四类,即信用风险(credit risk)、市场风险(market risk)、流动性风险(liquidity risk)和操作风险

(operational risk)。其中,信用风险又进一步细分为国别信用风险(country credit risk)和商业信用风险(commercial credit risk);市场风险进一步细分为汇率风险(exchange rate risk)和利率风险(interest rate risk)。

世界银行将国际金融市场变动(主要是利率变动和汇率变动)造成的损失称为市场风险。世界银行认为,相对于国别信用风险,其市场风险较小。在利率变动可能造成的损失方面,世界银行认为风险主要来自利率变动对筹资成本和资产(包括贷款和其他投资)收益率之差的影响、对其净资产使用效益的影响、对所持流动资产投资组合(liquid asset portfolio)价值的影响,以及应收应付款到期时间不匹配等。在汇率方面,世界银行认为保持权益与贷款余额之比(equity to loans ratio)可使其更好地消化吸收不可预见的贷款坏账损失,但是若不采取必要的措施,汇率变动将会导致权益与贷款余额之比发生变化。世界银行主要依靠一体化的资产—负债管理体系来管理市场风险,具体做法是大量运用金融工具以使其资产和负债的性质特点相互匹配。例如,在控制利率风险方面,世界银行通过延长资产组合的周期以降低利率变动对经营毛收益(operating income)的影响,利用利率互换工具(interest rate swap)使资产与负债的利率特点(浮动还是固定利率)和到期时间相互匹配,为流动资产投资组合设定久期不匹配上限和止损点以限制利率变动对其价值的影响,等等。在汇率风险方面,为了减少汇率变动对权益与贷款余额之比的影响,世界银行会定期调整净资产的币种,使其净资产的币种组合与贷款余额的币种组合保持一致。

对于流动性风险,世界银行主要通过实行谨慎投资原则来规避相关风险,其经营流动性资产的目标首先为保证投资的本金,在此前提下适当赚取一定的利润。为了达到规避风险的目的,世界银行将其流动资产的投资对象主要集中在具有高安全性和流动性评级(AAA级和AA级)的固定收益证券上。为了避免现金流动性不足,世界银行将其持有流动资产的限额设定为未来6个月到期债务和当年预计净提款额的一半之和。

对于操作性风险,世界银行设计的风险管理体系包括四个核心内容:每年评估确认一次存在哪些主要的操作性风险;使用概率和烈度指标描述操作性风险发生的可能及对财务稳定可能造成的影响;使用组合性的措施来防范和化解操作性风险,这些措施包括规章制度建设和关于操作程序的培训及考核、员工自我评价和管理层对下属进行考核、内部监督部门稽查、执行董事会领导下的独立评估团队对项目进行后评价、处室经历一年一度的述职报告,等等;执行董事会下设的审计委员会负责审查操作风险评估结果和内部控制工作的实际效果。

2. 风险管理机构

在风险管理的操作方面,由于世界银行将国别信用风险视为其首要风险,所以世界银行在其内部设立了信用风险部(Credit Risk Department)专门负责监控、分析、管理国别信用风险,评定借款国的国别信用风险,判定坏账准备金是否充足等。为了保证能够准确地分析评价国别信用风险,信用风险部具有很高的独立性,其风险评定结果既不向外界公开披露,也不向执行董事会披露。此外,商业信用风险、市场风险(利率风险和汇率风险)和流动性风险则由公司金融部(Corporate Finance Department)负责。上述两部门由负责公司金融和风险管理的副行长管理。

至于操作风险,世界银行主要依靠其行政管理体系(处室经理—局长—副行长—常务副行长)、业务政策和国别服务网络(OPCS)、独立审计部门及内部廉政稽核部门负责。

在公司治理层面,世界银行于 2003 年组建了一个金融委员会(Finance Committee),由世界银行的首席财务官主持,成员由世界银行和 IFC 负责相关领域的副行长组成(2006 年又增加了两名负责地区事务的副行长),负责监督审查整个世界银行集团的财务运作,并就世界银行集团的财务政策、风险资本管理和分配等问题提出政策意见。根据涉及的问题,该委员会的意见有时可以直接付诸实施,有时则需提交行长或执行董事会批准后实施。此外,财务风险管理也是世界银行执行董事会高度重视的一个领域。除了前面提到的可用资本上限和单个借款人上限须由执行董事会决定外,其下设的审计委员会会定期对坏账准备金的计提情况和风险资本管理情况进行检查。据统计,世界银行执行董事会半数以上的会议和文件会涉及财务风险管理领域。

3. 经验总结

统观世界银行的风险管理体系,以下几个特点值得关注和借鉴。

首先,从上面的介绍可以看出,世界银行构建其财务管理体系可以分为四个层次,即认定风险、确定风险防范策略、设立风险管理的操作部门、构建风险管理的治理结构。仅就世界银行财务风险管理体系的具体措施来看,其中并没有太多的创新,其方法和原则在一般的教科书上都可以找到,但是应用这些方法和原则来组建其财务管理体系的时候,世界银行体现了高度的逻辑性,风险认定清晰准确,防范策略、操作部门和治理结构的设计目标明确,富有针对性,面对复杂的风险因素,整个体系表现得分工明确,稳健有序,从而在系统和组织机制层面保障了各种方法和原则能够充分发挥防范风险的效力。

其次,世界银行在风险管理方面体现了审慎、科学的态度。例如,各种金融衍生产品是作为规避风险管理的工具而产生的,但其本身的高杠杆性也使其成为投机对象,形成了高度的风险性。但是世界银行没有因为审慎而弃用这些工具,而是严守其作为避险工具的本质,在大量应用这些工具的同时,没有因为其营利性而过度投机,同时采取有效的原则和措施控制伴随风险,从而使这些工具发挥了应有的规避风险和降低资金成本的功能。

第三,强调专家治事和集体会商。特殊的国际地位使世界银行能够在全球范围内广泛吸纳高素质的人才,在财务运作和风险管理方面,更是建立了一支高水平、高素质的经营队伍和监管队伍,为其风险管理体系的建立和运作奠定了基础。大量高素质的专业人才在其风险管理体系中担任关键岗位职务,发挥了重要作用;广泛应用集体会商制度,较好地避免了个人决策的片面性和局限性。前面提到的金融委员即体现了这种专家治事的原则和集体会商的制度。

3.2 发达国家风险管理的主要做法与经验

3.2.1 美国 COSO 的企业风险管理

COSO 的 ERM 框架是个三维立体的框架(如图 3.4 所示)。这种多维立体

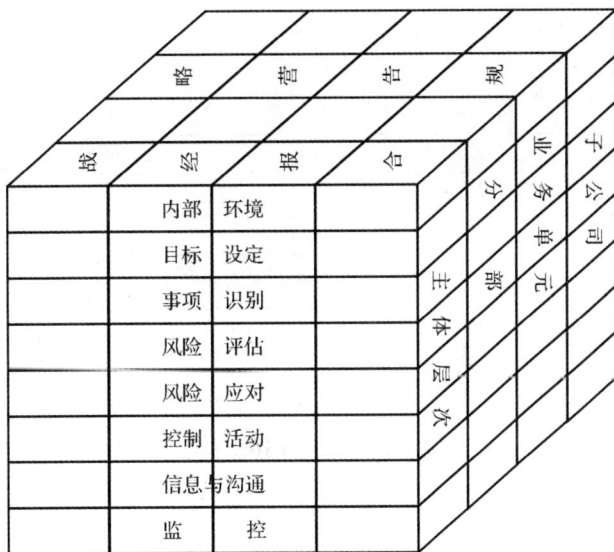

图 3.4 COSO 企业风险管理框架

的表现形式,有助于风险管理结构全面深入地理解控制和管理对象,分析解决控制中存在的复杂问题。

第一个维度是目标体系,包括战略目标、经营目标、报告目标和合规目标。

第二个维度是管理要素,由 8 个相互关联并有机整合的要素所构成,具体包括内部环境、目标设定、事项识别、风险评估、风险应对、控制活动、信息与沟通以及监控。

第三个维度是风险管理的主体单元,包括集团、部门、业务单元、分支机构四个层面,其组织架构如 3.5 所示。

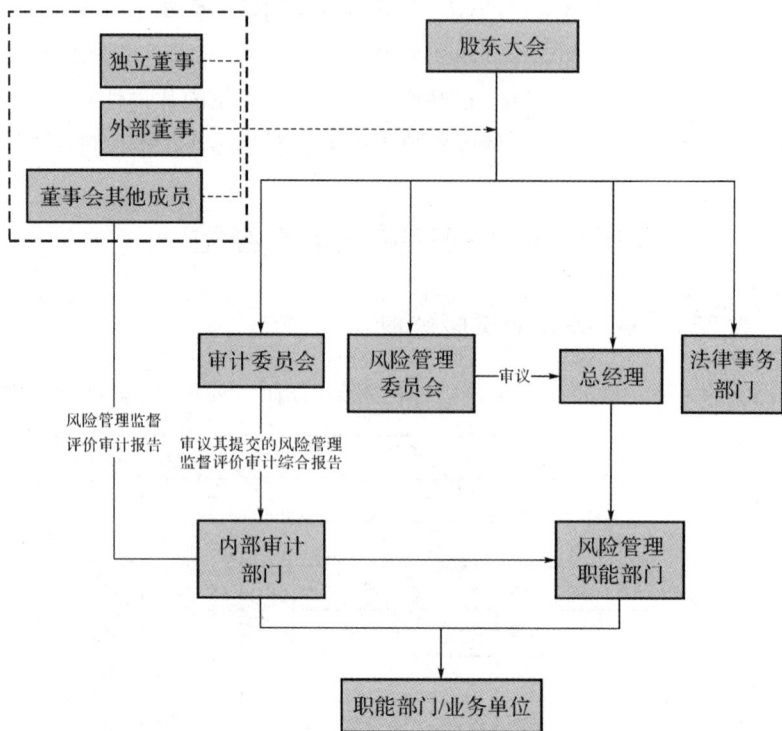

图 3.5　企业风险管理组织架构

3.2.2　澳大利亚—新西兰 AS/NZS 4360 的经验介绍

AS/NZS 4360 指出,要通过风险管理,实现组织损失的最小化和获益最大化;认为要以恰当的基础制度和文化制度为指导,运用逻辑、系统方法建立风险识别、风险分析、风险评估、风险处理、监督和交流的程序,来实现在最小化损失和最大化获利机会之间取得最优平衡。

　　AS /NZS 4360 认为,风险管理的目标包括:建立决策和计划的基础;更好地识别风险和机会;从不确定性中获得价值的可能性;积极地应对和管理风险;优化配置资源;最小化损失;提升信心和信任;提高对规章制度的遵循;实现更好地治理公司。

　　风险管理过程主要包括 7 个方面的内容,如图 3.6 所示。

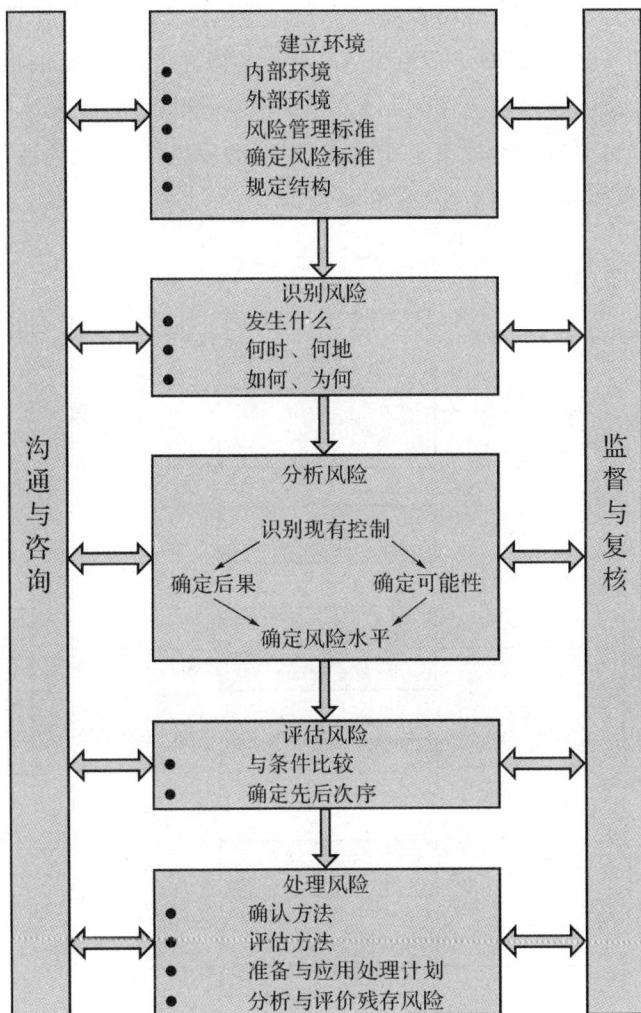

图 3.6　澳大利亚—新西兰 AS/NZS 4360 的风险管理过程

3.2.3 英国 AIRMI/ALARM/IRM 2002 Risk Management Standard

2002年9月30日,英国风险管理协会、保险与风险经理协会、公共部门风险管理论坛三个英国最主要的风险管理组织共同提出了风险管理准则(the UK AIRMI/ALARM/IRM 2002 Risk Management Standard)。AIRMI/ALARM/IRM 2002认为,所有组织战略管理的中心都是风险管理,风险管理的核心是正确识别和处理风险,其目的是在组织战略目标的指导下,以一定的程序、方法、手段处理组织所面临的各种风险,最终使组织获得最大化的持续性利益的过程。风险管理过程可以划分为以下五个步骤:组织的战略目标、风险评估、风险报告与交流、风险处理、监督和复核(见图3.7)。

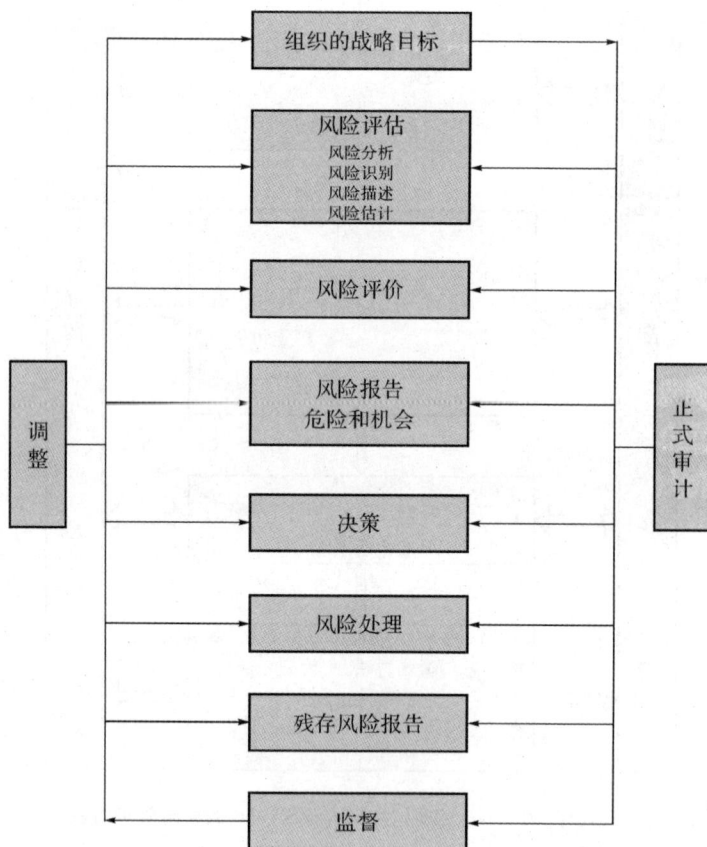

图 3.7　英国 AIRMI/ALARM/IRM 2002 风险管理过程

3.3 我国风险管理的实践探索

20 世纪 80 年代,一些学者开始将风险管理理论引入中国,但并没有引起重视,绝大部分企业缺乏对风险管理的认识,也没有建立专门的风险管理制度和风险管理机构。1999 年,新修订的《会计法》首次对建立健全企业内部控制提出原则要求,这是风险管理的内容第一次以法律形式出现,之后财政部发布了《内部会计控制规范——基本规范》等 7 项涉及风险管理的内部会计控制规范。受 2002 年美国安然事件、世通公司财务欺诈案以及美国萨班斯法案的影响,我国才真正意识到风险管理的重要性,才真正把内部控制和风险管理形成法规。

2006 年,国务院成立了企业内部控制标准委员会,开始了风险管理和内部控制工作。6 月 6 日,国资委发布了我国第一个全面风险管理的指导性文件《中央企业全面风险管理指引》。2008 年 6 月 28 日,《企业内部控制基本规范》由财政部、证监会等五部门联合发布,并于 2009 年 7 月 1 日起在我国上市公司范围内实施,标志着我国企业风险管理体系建设取得重大突破,《规范》也被视为中国版的"萨班斯法案"。

2007 年 9 月,全国工商联与中华财务咨询有限公司联合组成了"民营企业风险管理研究课题组",共同实施财政部项目《大型民营企业风险防范和预警指标体系》的课题研究。在借鉴国内外风险管理、危机管理相关研究成果以及部分民营企业开展风险管理实践经验的基础上,形成了《全国工商联民营企业风险管理指引手册》。

中天恒管理咨询公司和中天恒会计事务所于 2007 年 4 月 19 日推出《3C 全面风险管理标准》。

这些标志着企业风险管理已经引起我国政府部门、企事业单位和学术界的广泛关注,企业风险管理的实践和研究在我国进入了新阶段。

3.3.1 中央企业全面风险管理指引

《中央企业全面风险管理指引》分为 10 章共 70 条。

第一章总则简要介绍了制订《指引》的目的,风险管理的概念、总体目标、基本流程等基本内容。第二章到第六章逐个阐述了风险管理的五个基本流程,即风险管理初始信息的收集、风险的评估、风险管理策略的制定、风险管理解决方案的提出和实施、风险管理的监督与改进。

第二章风险管理初始信息把风险分为战略风险、财务风险、市场风险、运营风险和法律风险五个方面，并且指出了每个方面风险所需要收集的重要信息。

第三章风险评估包括风险辨识、风险分析和风险评价三个步骤。《指引》指出应结合定性与定量的方法，对企业所面临的风险进行辨识、分析和评价。既可以采用深度访谈、问卷调查、专家咨询、案例研究等定性方法，也可以采用计算机模拟、统计推断等定量的方法。

第四章风险管理策略指出，对于纯粹的风险，如战略风险、财务风险、运营风险、法律风险等，可以采取风险承担、规避、转换、控制等方法，使企业遭受的风险最小化；而对于能带来赢利机会的风险，可以采用风险转移、对冲、补偿等手段进行理财，实现企业收益的最大化。

第五章风险管理解决方案指出了风险管理的解决要明确具体目标、需要的组织领导机构、所牵涉的管理和业务流程，风险解决的条件和手段等，以及在风险发生的前、中、后三个阶段应采取哪些具体的措施和风险的管理工具。

第六章风险管理的监督与改进指出，企业要对风险管理的结果进行监督和复核，并加以改进和完善。企业以重大风险及业务流程为重点，对整个风险管理的过程以及风险管理解决方案的实施情况进行实时监督，采用多种方法对风险管理的效果进行检验和复核，并对出现的问题和存在的缺陷及时加以改进。

第七章内容是风险管理组织体系，第八章介绍了风险管理信息系统，第九章阐述了风险管理文化，第十章是附则。

3.3.2　民营企业风险管理指引手册

《民营企业风险管理指引手册》以民营企业风险管理的识别、评价作为重点研究内容，分六章进行了论述。

1.企业全面风险管理流程图

民营企业风险管理手册的企业全面风险管理流程图如图 3.8 所示。

```
┌─────────────────┐     ┌─────────────────┐     ┌─────────────┐
│ 阅读并学习风险清单 │ ──→ │  分析自身相关因素  │ ──→ │   辨识风险   │
└─────────────────┘     └─────────────────┘     └─────────────┘
                                                        │
                                ┌─────────────┐         ↓
                                │   定性评价   │
                                └─────────────┘

┌─────────────┐     ┌─────────────────┐     ┌─────────────────────┐
│  计算财务指标  │ ──→ │  查找行业阈值范围  │ ──→ │  比较财务指标和阈值范围  │
└─────────────┘     └─────────────────┘     └─────────────────────┘

              ┌─────────────────────────┐
              │  检验定性评价和定量评价结果   │
              └─────────────────────────┘

┌─────────────────────┐                    ┌─────────────────┐
│ 发掘出企业面临的重大风险  │ ──────────────────→ │  提出可能的解决方案  │
└─────────────────────┘                    └─────────────────┘

┌─────────────────────┐                    ┌─────────────────┐
│ 评估解决措施的风险控制效果 │ ──────────────────→ │  确定风险决绝方案  │
└─────────────────────┘                    └─────────────────┘

              ┌─────────────────┐
              │  实施风险解决方案  │
              └─────────────────┘

              ┌─────────────────────┐
              │  总结、评估风险管理工作  │
              └─────────────────────┘

              ┌─────────────────┐
              │  实施风险解决方案  │
              └─────────────────┘
```

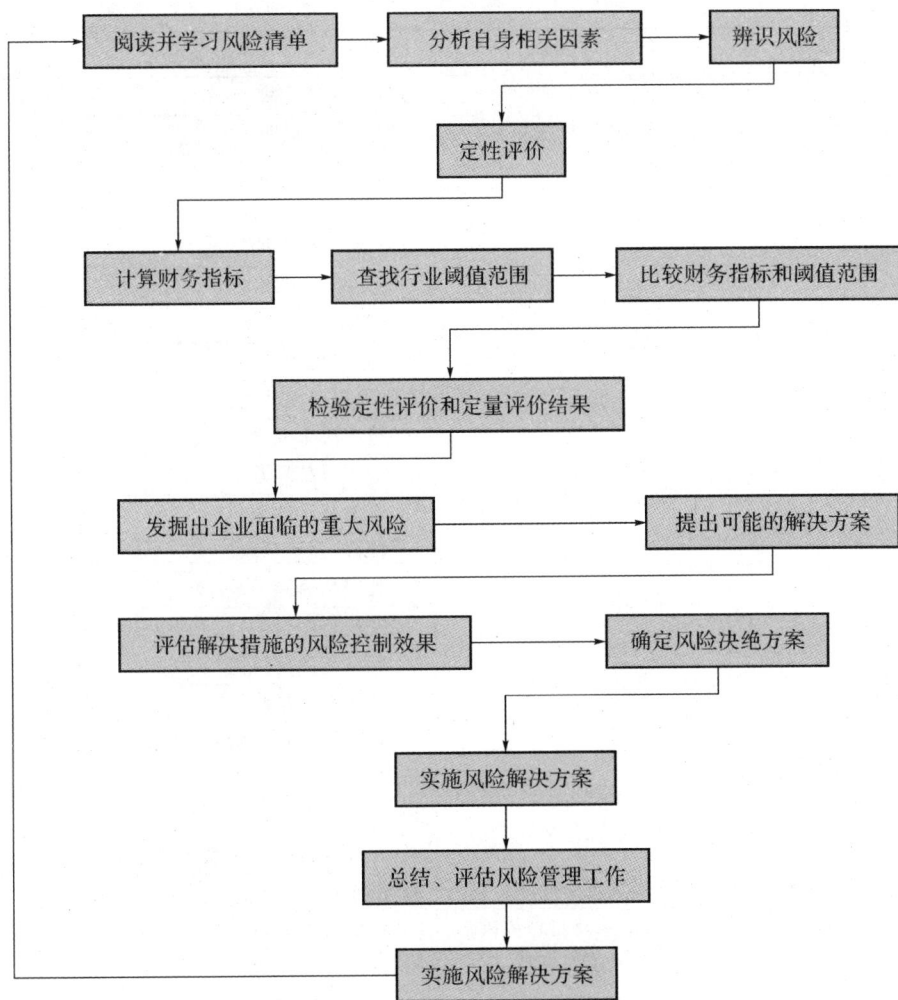

图3.8 企业风险管理流程图

2.企业风险识别模型

从战略风险、市场风险、运营风险、法律风险和财务风险五个维度定义了69种常见的风险点,并且给出了具有代表性的评价指标体系,如表3.1所示。

表 3.1　企业风险管理识别模型

一级分类	二级分类	三级分类
		1. 政策环境风险
	环境风险	2. 舆论环境风险
		3. 自然环境风险
		4. 家族式管理风险
		5. 董事会运作风险
	公司治理风险	6. 组织结构风险
		7. 授权风险
		8. 企业文化风险
		9. 战略制定及实施风险
		10. 投资决策及执行风险
战略风险		11. 资源分配风险
	计划与资源配置风险	12. 业绩激励约束风险
		13. 预算/预测风险
		14. 敏感性风险
	并购合作风险	15. 并购合作风险
	品牌策略风险	16. 形象和商标风险
		17. 品牌安全风险
	经营管理一体化风险	18. 运营一体化风险
		19. 文化整合风险
	信息沟通风险	20. 内部沟通风险
		21. 与投资者关系风险
	市场竞争风险	22. 市场竞争风险
市场风险	消费者需求及其趋势风险	23. 消费者需求及其趋势风险
	技术革新风险	24. 技术革新风险
	新型市场风险	25. 新型市场风险
		26. 供应商风险
	供应链风险	27. 成本管理风险
		28. 物料管理风险
		29. 新产品、新设备研发风险
运营风险	生产风险	30. 生产能力风险
		31. 产品质量风险
		32. 生产/经营场所安全风险
		33. 产品销售风险
	销售风险	34. 顾客满意风险
		35. 产品定价风险

(一级分类总栏左侧纵排：风险分类)

一级分类	二级分类	三级分类
运营风险	市场营销风险	36.市场调研风险
		37.市场推广风险
		38.渠道风险
	运营控制风险	39.运营控制缺失风险
		40.运营决策变动风险
	人力资源风险	41.关键人员风险
		42.人才招聘和管理风险
		43.培训风险
		44.补偿、福利、奖金及激励风险
	信息技术风险	45.信息硬件设备风险
		46.数据保密及安全管理风险
法律风险	政治/法律环境风险	47.政治/法律环境风险
	法律法规遵从性风险	48.法律法规遵从性风险
		49.知识产权法风险
	道德操守遵从性风险	50.企业与社会利益冲突
		51.管理者舞弊风险
		52.雇员及第三方舞弊风险
		53.欺诈
	重大协议和贸易合同风险	54.重大协议和贸易合同风险
	重大法律纠纷风险	55.重大法律纠纷风险
财务风险	会计与财务报表风险	56.会计政策、会计估计不当风险
		57.信息披露风险
		58.税务风险
		59.抵押担保风险
	流动性风险	60.现金流风险
		61.信贷与收款
	金融市场价格风险	62.利率风险
		63.汇率风险
		64.衍生工具风险
	资产管理风险	65.存货管理风险
		66.总资产管理风险
	赢利能力风险	67.赢利能力风险
	融资风险	68.资产与负债错配风险
		69.资金可获得性风险

(最左侧竖排)风险分类

3.企业风险评价模型

民营企业风险评价模型分为两大部分:风险定性评价模型和风险定量评价模型。定性评价模型是通过管理评分方式对企业的整体风险程度给出评价;定量评价模型是选取行业的典型财务指标并经过统计给出指标阈值参考范围,对企业财务指标的非正常情况进行预警提示。

风险定量评价模型运用 SPSS 工具统计出中值(中位数)、处于 15% 位和 85% 位的指标值、处于阈值范围的指标的平均数。

3.4　本章小结

本章从国际组织、发达国家和我国三个角度全面介绍了企业风险识别与预警的实践。从上述材料上看,企业风险可以分为信用风险、市场风险、流动性风险、操作风险、战略风险、财务风险、法律风险等,进一步印证了第二章中对企业风险的分类。

ISO 31000、世界银行、美国 COSO、AS/NZS 4360、AIRMI/ALARM/IRM 2002 从风险管理的原则、风险管理的框架、风险管理的过程、风险管理的组织架构四个角度讨论了风险管理实施遵循的一般过程;我国民营企业风险管理指引手册建立了企业风险识别模型和企业风险评价模型,这些对浙江省工业企业风险动态预警模型的建立和风险的全面管理具有重大的借鉴意义。

第4章　工业企业风险形成与应对的案例研究

2008 年以来,我国一批行业龙头企业出现了严重的风险和危机问题,形成多米诺骨牌效应,引发了一系列连锁反应。本章在第二章文献综述理论研究和第三章国内外工业企业风险的动态预警及全面管理的主要做法与经验总结的基础上,系统梳理了案例研究的方法,选取了四家具有区域代表性、行业代表性和风险代表性的浙江省工业企业为案例,深入研究工业企业风险形成的主要原因、形成过程与形成机理,以及由此产生的经济社会危害性(包括对行业内和上下游企业的冲击,对劳动就业的影响,对地方的金融生态和经济发展环境的损害等)。在此基础上,探讨政府介入企业风险应对的必要性和重要性,总结归纳政府参与工业企业风险应对的主要做法和经验。

4.1　案例研究方法

4.1.1　研究目的

本书拟采用多特征、多方法的研究思路,应用探索性的案例研究方法,通过对浙江江龙控股集团、浙江信泰集团、浙江金乌集团和衢州丰华木业等案例事件分析,探索工业企业风险形成的原因与机理,为下一步工业企业风险动态预警指标的选择和预警模型的建立,提供必要的理论准备。

4.1.2　案例研究的方法

案例研究(case study method),也称"个案研究"或"实例研究",是当代社会科学方法论体系中应用得非常广泛的定性研究方法之一。它专注于对研究对象进行具体而系统的实证研究，描述研究对象的背景、前因后果、发展过程，被一些专家学者认为是"解剖麻雀"。

案例研究方法适合对现实中某一复杂和具体的问题进行深入和全面的考察。通过案例研究，人们可以对某些现象、事物进行描述和探索。案例研究还使人们能建立新的理论，或者对现存的理论进行检验、发展或修改。案例研究还是找到解决现存问题的方法的一个重要途径（孙海法等，2004）。

案例研究法在社会科学研究领域的应用可以追溯至 20 世纪初人类学和社会学的研究。例如，案例研究的先驱——英国人类学家马林诺斯基对太平洋上特洛布里安岛（Trobriand）原住民文化的研究，就是典型的案例研究（德尔伯特·C.米勒等，2005）。马林诺斯基之后，案例研究法逐步发展规范，成为一套独立的研究体系，出现了一大批具有重大影响的研究成果。例如，美国社会学家威廉·怀特（William F. Whyte）撰写的《街角社会》、美国芝加哥大学社会学家托马斯和波兰社会学家兹纳涅茨基（Thomas 和 Znaniecki）的研究成果《身处欧美的波兰农民》以及我国著名社会学家费孝通先生著的《江村经济：中国农民的生活》等，都被认为是案例研究的典范（王金红，2007）。Yin（1994）在《案例研究：设计与方法》中提及如公司文化、追求卓越、核心能力、公司重组和平衡计分法等理论创新均基于案例研究而成。

成思危教授指出，案例研究方法是认识客观世界的必要环节，是处理复杂社会问题的有力工具，单纯依靠统计数据进行决策的研究并不科学，案例研究恰好可以弥补统计研究的不足（孙海法等，2004）。李建明（2004）认为案例分析方法本质上是属于描述性、解释性及探索性的，特别适合那些尚未形成理论体系或现有理论无法充分说明的新的研究领域。Yin（1994）认为，与其他研究方法相比，案例研究法更适合研究"为什么"（why）和"如何做"（how）这些类型的问题。

2009 年的诺贝尔经济学奖得主埃莉诺·奥斯特罗姆，在其《公共事务的治理之道》中充分运用案例分析方法，结合理论研究，指出除了通过政府和市场管理公共物品外，还可以通过自治组织管理公共物品的新途径。案例分析方法的作用在奥斯特罗姆的书中得到了充分展现。

4.1.3　案例研究的步骤

案例研究一般包括建立基础理论、选择案例、搜集数据、分析数据、撰写报告与检验结果等步骤。Yin(1994)将案例研究分为五步,即研究设计、为收集数据而准备、收集数据、分析数据和撰写研究报告。本书结合企业风险管理理论,给出了案例研究的步骤,如图 4.1 所示。

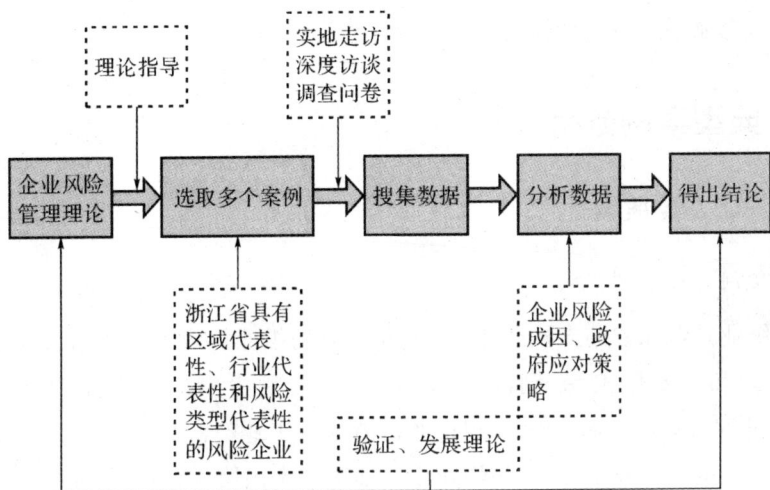

图 4.1　案例研究的步骤

4.1.4　案例的选择

样本选择策略就是决定案例研究要选择什么样的企业样本以及选择多少样本作为研究样本的方法。从样本的性质上看,被选择的样本应该与所研究的主体具有强的相关性;从样本的数量上看,案例研究样本的数量并不遵从统计意义上的样本数量规则。但是,案例的选择不是随机的,而应该根据理论上的取样,研究者选择特定的样本以验证先前的结论或扩展当前的理论(Yin,2003)。本书选取了浙江省的四家工业企业作为研究对象,主要是因为浙江省是我国民营经济最为发达的地区,也是受本轮全球经济危机影响最大的地区,而且浙江江龙控股集团、浙江信泰集团、浙江金乌集团和浙江丰华木业,这四家企业具有代表性和典型意义。

首先是区域代表性。课题组选择的这四家企业分别来自浙江省绍兴市、温州市、义乌市和衢州市,绍兴市、温州市都是浙江省民营企业重镇,分别位于浙东和浙南;义乌市位于浙江省中部,是浙江省第四轮扩权强县的唯一试点城市,享有地级市的经济社会管理权限,民营经济发达;衢州市位于浙江省西部,在浙江省属于经济较不发达地区。

其次是行业代表性。浙江江龙控股集团是一家以纺织、印染、服装为主的专业性集团公司。浙江信泰集团的主业是眼镜制造和销售。浙江金乌集团的主业是袜业。浙江丰华木业是一家生产高档细木工板的企业。这四家企业在当地都属于知名企业,是行业内的翘楚。

4.2 典型案例分析

4.2.1 江龙控股集团

1. 案例背景

纺织业是浙江省的支柱产业,2006 年全省纺织业销售收入和出口额分别为5659 亿元和 308 亿美元,利润 220.46 亿元,分别占全国纺织业的 21.06%、20.9%和 24.97%。2010 年,纺织产业占浙江省工业经济总量的 10.8%。绍兴是中国最大的纺织业中心,其纺织业生产能力居全国第一,纺织产业的经济总量占到全国的 4.2%,占浙江全省的 65%。在此次金融危机中,传统行业特别是纺织行业遭受的冲击最大,所遭受的风险范围最广,种类最多。

浙江江龙控股集团(简称"江龙控股")是一家以纺织、印染、服装为主的专业性集团公司。2003 年,原本从事纺织原料经营业务的陶寿龙夫妇创立了江龙印染公司,夫妻俩分别担任董事长与总裁,陶主抓项目投资与日常生产,陶妻严琪掌管贸易往来业务;2005 年 8 月,公司改制为中国印染控股有限公司(简称"中国印染");2006 年 9 月,中国印染在新加坡股票交易所挂牌上市。中国印染从成立到海外成功上市只用了 3 年时间,被誉为"中国印染第一股"。

2. 风险产生过程及关键事件

2006 年,江龙控股以承债 4.7 亿元方式并购南方科技股份有限公司。2007年,江龙控股投入 2 亿元进口 11 条先进的特宽幅生产线,拟打造全球最大的家纺特宽幅印花生产基地。当年 11 月,江龙控股与麦道理投资公司签署美国上市协议。协议约定:麦道理帮助南方科技在 2008 年 10 月之前在纳斯达克上市,为了达到上市条件,南方科技要保证 2008 年利润不低于 2 亿元,同时要确保 2008

年前两个季度 30％以上的利润增长率。然而,在 11 条特宽幅生产线满负荷生产的情况下,南方科技一年的利润也只能达到 1 亿元。而且,当时江龙控股只有 5 条特宽幅生产线在正常运转。为了达到上市的需要,江龙控股将其下属的所有公司的贸易额都做进南方科技的账户。

通过对内投资和对外兼并等方式,至 2007 年年底,江龙控股拥有中国印染、南方科技股份有限公司、浙江百福服饰有限公司、浙江方圆纺织超市有限公司、绍兴县鑫雨纺织有限公司等子公司,拥有比较先进的纺织产品生产和印染加工机械设备和产品检测设备,主要从事各类化纤、混纺、T／R 系列、阳离子系列、弹力系列面、里料的印染,以及相关纺织品的贸易和销售。经过几年的发展,江龙控股实现印花产能位列全国榜首,印染产能位居全国第二,印染产品出口连续三年在绍兴县居于首位。

2007 年,美国次贷危机爆发,我国开始实施货币紧缩政策,要求银行停止向纺织等传统污染行业发放贷款。在国家政策影响下,江龙控股从银行借款的渠道被阻断,只能向民间资本借款(即高利贷),成本显著增加。2008 年全球金融危机爆发,江龙控股的外销订单和收入大幅下降。9 月 15 日,美国雷曼兄弟破产,南方科技股份有限公司在美国上市筹资的计划搁浅。在上述一系列事件的连续打击下,江龙控股资金链断裂,无法支付供应商货款和偿还银行贷款,陷入严重的资金短缺危机。

为了帮助江龙控股渡过难关,2008 年 6 月至 9 月期间当地各级政府曾召开江龙控股、供应商和银行协调会议,并给予政策支持,但这些措施未能奏效。10 月 4 日公司董事长陶寿龙等高管出逃,激化了公司与债权人的矛盾,部分债权人聚集到江龙控股总部办公室。10 月 6 日,江龙控股被迫停产。11 月 10 日,中国印染发布公告称:由于江龙控股的停产,公司已经无法偿还债务。12 月 12 日,绍兴市人民法院裁定,由绍兴市信诚拍卖有限公司对江龙控股的土地使用权、建筑及相关设备进行拍卖。至此,江龙控股进入破产重整程序。江龙控股仅仅用了 4 年左右的时间成为行业龙头企业,可是风光却只持续了不到一年,在 2008 年 10 月,因资金链断裂而轰然倒下。

3. 案例验证

通过对浙江省绍兴县政府相关部门及原江龙控股三家公司的实地调查和深入访谈,结合对 2008 年以来破产或濒危的浙江省纺织产业的全面分析,发现江龙控股风险的形成既有外部市场环境因素的影响,又存在内部管理运营方面的问题。在本书第 2 章的文献综述中,课题组已经把企业面临的风险归纳为战略层面、财务层面、运营层面和宏观经济层面四个维度,以下就从这四个维度对案例进行分析。

(1)战略层面——缺乏长远的战略规划

在激烈的国际市场竞争和复杂多变的外部环境中,企业要想求得生存和长远发展,必须对企业整体性、长期性的问题做一长远规划。现代管理学认为,企业战略规划和管理是决定企业经营成败的关键性因素。

然而,课题组在对江龙控股调研的过程中发现,江龙控股在 2003 年创立之初,没有对企业做出长远规划,根本没有预料到企业会如此高速扩张。江龙控股从 2003 年创立到 2007 年总资产达到 20 多亿,企业盲目扩张和多元化,扩张的速度超出了其通过企业利润等内部累积筹集资金的能力。过快的发展速度导致江龙控股对企业前景产生误判,缺乏长远战略规划或者说战略规划不合理,致使企业加速走向衰败。

(2)财务层面

1)国际金融危机导致国际市场需求减弱

美国次贷危机引发的金融危机席卷全球,国际市场需求急剧萎缩,作为"世界工厂"的中国深受其害。2008 年 9、10 月份,国内纺织业企业订单较高峰时减少了五六成。金融危机发生后,江龙控股海外销售订单和销售收入大幅减少,经营现金来源急剧下降,而且使得江龙控股旗下的南方科技到美国上市筹资成为泡影,这两个因素直接斩断了江龙控股的资金链。

2)人民币升值导致企业利润减少

资料显示,我国纺织服装的出口比例占 40%,但利润率仅为 4%。2008 年上半年人民币兑美元升值幅度超过 6%,直接导致企业利润大大降低,甚至亏损。

3)生产要素价格上涨挤压了企业的利润空间

2008 年上半年,国际市场石油价格持续上涨,7 月 2 日欧佩克油价创下每桶 140.73 美元的历史高位,7 月 11 日纽约原油期货价格达每桶 146.20 美元(盘中曾创出每桶 147.27 美元的历史新高)。原油价格的持续上涨导致国内原材料价格暴涨,同时,企业用工成本大大提高,各类生产要素价格的上涨进一步挤压了企业的利润空间,甚至造成企业生产成本高于生产订单价格的情况,企业生产得越多,亏损越厉害。

（3）运营层面

1）财务杠杆运用不合理

江龙控股在企业高速成长或者成熟期就陷入了财务困境，企业对造成财务困境的主要因素和主要财务指标不敏感或者熟视无睹，在遭遇财务困境后又寻求在资本市场或者通过民间借贷等形式试图摆脱困境，最终走向了破产。可见，财务杠杆运用不合理是造成江龙控股破产的重要因素。

2）内部组织结构不合理

自 1993 年全球首个 CRO(Chief Risk Officer,首席风险执行官)诞生以来，80％以上的世界性金融机构都设有该职位，国外的工业企业也逐渐专设了该岗位，CRO 已经成为现代企业不可或缺的重要管理人员。

江龙控股不仅没有设立 CRO，而且企业管理人员还没有认识到风险管理的重要性，甚至根本不了解什么是风险管理。虽然中国印染是上市公司，也建立了董事会等，但基本上还是家族式管理方式，重大事项决策都是由董事长陶寿龙、总经理严琪说了算，部分重要岗位由董事长、总经理的亲属占据，还停留在家族式管理的阶段，现代企业制度尚未建立。

（4）宏观经济层面

1）国家宏观调控导致企业融资困难

2007 年，国家实行紧缩性货币政策，以组合拳的方式收紧银行信贷，主要表现在 10 次上调银行准备金率、6 次加息、设定新增贷款率"火线"。在此政策背景下，银行普遍降低了企业的信贷额度，部分银行不仅停止发放新贷款，甚至收回没有到期的贷款。

国家的宏观调控，使过度依赖银行贷款进行高速扩张的企业举步维艰，转而寻求高利贷的帮助，最终导致了企业的破产。以江龙控股为例，2007 年，贷款银行降低了江龙控股的信贷额度，甚至收回没有到期的贷款。2008 年，银行收回江龙控股 1 亿多元贷款，并再次缩减了新的信贷额度；6 月，银行不愿意为江龙控股提供新的贷款。江龙控股在资金日趋紧张的情况下向民间筹集高利贷，而高利贷加剧了公司的资金紧张状况。

2）纺织产业面临转型升级的需要

纺织产业作为我国传统优势产业，其竞争优势主要是价格。我国利用劳动力成本低，调整纺织产品出口退税率，维持人民币对美元的低汇率等手段，将价格优势发挥到极致。在全球性的金融危机影响下，纺织服装业首当其冲，受到了前所未有的巨大冲击，不仅国际市场的订单数量大幅减少，而且企业的利润空间也进一步受到挤压。企业为了保住订单、留住顾客,不断地降低产品价格,最终导致了低价竞争的恶性循环。纺织产业重镇浙江绍兴、江苏张家港塘桥镇(纺织产业占当地经济总量均在 60% 以上)的经济受到严重影响。2008 年,绍兴影响面较大的限、停产企业就有华联三鑫、江龙控股、五环氨纶、金雄、耀龙、嵊州贝斯特等六家。在此市场背景下,一些企业通过转型升级,提高产品质量和调整产品结构来适应新的市场需求,以赢得更广阔的市场。金融危机的爆发使纺织产业加速了新一轮的优胜劣汰。

4.2.2 信泰集团

1.案例背景

浙江信泰集团有限公司成立于 1993 年,工厂坐落于温州娄桥工业园区,总占地面积 120 亩,总面积 16 万平方米,2014 年总部员工在 3000 人左右。信泰集团由六大事业部组成,分别是眼镜制造事业部、新能源事业部、品牌代理事业部、零售连锁事业部、进出口事业部和投资事业部。十几家子公司遍布香港、上海、深圳、温州、金华、衢州等地。

集团主业的眼镜制造事业部包括中国信泰光学有限公司和温州兴泰光学有限公司,拥有完整的眼镜生产链,眼镜年产量达到 2000 万副,2010 年产值达到 2.72 亿元人民币,并且拥有自主品牌全国驰名商标"海豚眼镜"。"海豚眼镜"是中国市场上销量最大的太阳镜品牌,同时也是全国唯一一个获得"中国驰名商标"称号的眼镜品牌。2007 年,信泰集团收购创立于 1889 年享誉纽约高级时尚眼镜行业的百年连锁品牌 MOSCOT(玛士高)。MOSCO 以一线城市香港、北京、上海作为主要经营定位,目前在上海有旗舰店、概念店、商场店和社区店多种店铺形式,定位不同品牌、款式及价位。可以说,浙江信泰集团是温州地区乃至全国眼镜行业龙头企业之一。

2008 年世界光伏产业进入鼎盛时期,信泰集团也开始涉猎光伏产业,在总公司成立了新能源事业部,下辖浙江赛力科技股份有限公司、浙江中硅新能源股份有限公司、温州中硅科技有限公司,主要生产太阳能单晶和多晶硅、太阳能电池、太阳能组件系统、太阳能系统工程等光伏产品。当时预计 2011 年产能 600 兆瓦,产值 70 亿元。

2.风险产生过程及关键事件

2008 年,信泰集团在银行信贷资金较充足的情况下,企业为转型升级,投资太阳能光伏产业,同时还经营房地产业。企业在涉水太阳能和房地产投资之初就获得了成功,有了一定的利润。信泰集团董事长胡福林在大好形势下,放开手脚向银行及民间资金借贷。

银行行业业绩稳健,但利润率较低,在金融危机打击下,信泰集团的主营业务——眼镜的行业业绩实际已经下滑。2007 年,信泰集团是瓯海区国税百强榜上第 11 位的企业,累计缴纳国税(增值税等)1197 万元;2009 年,信泰的国税缴纳额已经降为 946 万元,2010 年降至 570.92 万元。

光伏产业前景黯淡,而且投入大,培育周期长。2009 年光伏产业在欧盟逐渐下调或取消补贴、欧债危机等一系列事件的刺激下,产业前景暗淡。仅在美国,2009 年就有 20％的光伏企业停产或破产。信泰集团 2008 年组建的浙江中硅新能源股份有限公司,投资 4.5 亿元,主要从事太阳能电池组件的生产,只生产电池配件和组装。国内至少有数百家这样的企业。温州中硅科技有限公司是胡福林与当地皮革企业瑞新集团合资设立的太阳能电池片生产企业,总投资额高达 12.5 亿元。胡福林对中硅科技寄予厚望,设计产能是中硅新能源的一倍以上,计划 2011 年年产值创 70 亿元。

2011 年,由于国家推出了一系列宏观调控政策,房地产业遭遇重创,许多投资房地产的企业大量资金被套。

在主营业务业绩下滑、光伏产业前景黯淡、房地产业资金被困的三重打击下,信泰集团为扩大光伏产业投资,不惜一切代价借款投资,最终导致资金链断裂。

2011 年,温州出现了大规模的"老板跑路"现象,90 多名老板跑路出逃,还发生了企业主跳楼等事件。2011 年 9 月 21 日,信泰集团老板胡福林出逃。据报道,胡福林欠下银行债务 8 亿元,月利息 500 万元;欠下民间借贷资金 12 亿元以上,月息超过 2000 万元。9 月 24 日,千余名信泰集团员工上街讨薪,震动温州市委、市政府。10 月 10 日,胡福林回到温州表示要重振企业,

3.案例验证

信泰集团出现风险最主要的原因在于企业盲目投资、资金链断裂和金融危机影响三个方面,按照课题组设定的四个维度来看:

(1)财务层面

在金融危机的打击下,信泰集团企业订单减少,主营业务利润下降,这从信泰集团国税纳税额的下降幅度可见一斑。人民币升值,导致企业出口利润下降,

这对外向型的企业来说是比较致命的打击。国内物价上涨和企业员工待遇的提高,进一步缩减了企业的利润空间,使企业举步维艰。

(2)运营层面

信泰集团在转型升级过程中选择的光伏产业投入产出周期长,需要调动大量的资金。在光伏产业前景并不明朗的时候,其又盲目扩大光伏产业的投资,直接导致企业运营所需要的资金周转困难。在企业资金周转困难发生后,不惜一切代价从民间融资(高利贷),最终导致了企业资金链的断裂。

因此,企业主对造成财务困境的主要因素和主要财务指标不敏感或者熟视无睹,是造成企业资金链断裂的重要因素。如果有效运用企业主营业务利润率、资金周转率等财务指标,这一悲剧完全可以避免。

(3)宏观经济层面

与浙江江龙控股集团遭遇的国家宏观调控政策基本相同,国家实施紧缩性货币政策,银行惜贷,不过,这次调控时间更长。这里不再赘述。

4.2.3　金乌集团

1.案例背景

浙江金乌集团有限公司创建于1994年,是一个集农、工、商于一体的综合现代化企业,主要从事袜业、服装的生产、加工;化纤棉纱等纺织原料批发;广告、文化传播;音像出版发行;外贸出口;酒店餐饮;农业综合开发等,旗下全资子公司有浙江娇丽袜业制衣有限公司、义乌市万盛化纤有限公司、金华市江南农庄有限公司、深圳狄加贸易有限公司、阿联酋迪拜山图贸易有限公司;合资公司有义乌市千叶创意传播有限公司、浙江金乌经贸有限公司、浙江山图服饰有限公司、浙江省音像出版发行公司。产品不仅在国内有着庞大的销售网络,并远销日本、美国、欧共体和俄罗斯等国家和地区,其中,袜品80%销往日本,日本最大的大荣连锁公司和日本第二大连锁公司伊藤洋花堂(平均年销售额200亿美元)大量销售金乌集团的产品。金乌集团是中国小商品进军中东国家的头号功臣,也是义乌当地最具竞争力企业,在义乌当地及中东地区具有较高知名度。

2003年,金乌集团上缴国家税收即达到1100万元。2008年,金乌集团总资产达10亿元,员工人数约2000人。该集团总裁张政建先后被授予金华市"十佳青年私营企业家"和浙江省"青年星火带头人"等荣誉称号。

2.风险产生过程及关键事件

2005 年,金乌集团总裁张政建投资 2 亿多元,在阿联酋迪拜建造了一个面向国内企业招商的"龙城"商贸城,共有 500 多家店铺,还在迪拜设立了阿联酋金乌集团国际有限公司、山图贸易有限公司、山图装饰有限公司、山图餐饮有限公司等 4 家海外子公司。海外项目的扩张需要大量的资金,为此,张政建大幅压缩国内产业的资金,甚至包括一些集团内的核心产业,如娇丽袜业制衣等。为了维持海外项目的扩张,张政建大举外债,因还不起银行贷款,金乌集团为娇丽袜业制衣准备的新工厂也被抵押。从此,包括娇丽袜业制衣在内的金乌集团子公司的业务一蹶不振。然而,随着越来越多的以义乌商人、温州商人为代表的浙商到迪拜投资商城和房地产项目,金乌集团的海外业务受到激烈竞争,资金回笼困难,海外业务停滞不前。与此同时,随着金融危机的影响和纺织行业出口形势不佳,金乌集团的主营业务娇丽袜业制衣的出口额开始下滑,产能急剧萎缩。企业情况好的时候,金乌集团的袜业、服装的年产值超亿元,每年上缴国家利税千万元,但 2008 年,金乌集团公司给娇丽袜业制衣定的年销售额仅为 2000 万元。

主营业务萎缩,投资的其他产业入不敷出,金乌集团总裁张政建只能求助于高利贷,以扩大在阿联酋迪拜等地的投资。2008 年春节前后,金乌集团债务危机爆发。2008 年 6 月,金乌集团总裁张政建突然失踪。

3.案例验证

本研究经过深入调查发现,金乌集团的主营业务袜业、服装的业绩不错;其旗下的准三星级酒店山图酒店位于义乌市中心绣湖广场,酒店生意一直很好,100 间客房天天爆满,酒店餐厅的营业额在淡季时每个月赢利在 30 万元左右,旺季时达到 50 万元左右。可以说,集团属下的国内资产绝大多数是优质资产,其风险的产生主要是因为盲目做大、做强,以及国外投资的失败。

(1)战略层面

张政建 20 世纪 80 年代在河南、河北等地代销袜子,完成了资本的原始积累;1991 年回到义乌,摆摊经营袜业,批发业务逐年扩张。1994 年,张政建的第一家公司——浙江娇丽袜业有限公司正式成立。经过多年的积累,娇丽袜业旗下的"山图"成为浙江省著名商标,"梦丹莎丽"成为金华市著名商标。多年在袜业行业从事批发销售和生产销售,张政建取得了极大的成功,可见其对袜业纺织行业的业务是精通的。

1998 年,张政建组建了浙江金乌集团有限公司,形成了以"浙江娇丽袜业制衣"为龙头,"义乌万盛化纤"、"深圳狄加贸易"、"义乌山图贸易酒店"等 10 家国内子公司为辅的多元化经营。

2005 年,张政建投资阿联酋迪拜市场,办起了房地产、贸易等产业,然而对迪拜市场的过于乐观以及大规模的投资,甚至于以牺牲国内优质资产为代价去填补国外投资的亏空,最终使金乌集团走上了不归路。

由此可见,企业战略规划和管理是决定企业经营成败的关键性因素,金乌集团正是缺少对企业整体性、长期性的问题的长远规划,盲目投资,最终导致了企业风险的产生。

(2)财务层面

人民币升值、国内物价上涨和企业员工待遇的提高、金融危机打击下的企业出口订单减少,导致企业利润下降。这一点,与前面两个案例相似。

(3)运营层面

企业主管理能力的缺乏是企业成败的重要因素。张政建是典型的"草根浙商",主营业务取得一定成绩后,被胜利冲昏头脑,盲目投资自己并不熟悉的国外市场业务;当国外市场遇到瓶颈后,以牺牲国内优质资产的发展为代价,盲目扩大在迪拜的投资;在企业出现财务风险后,求助于高利贷;当企业遇到困难时,选择失踪逃避,最终导致企业风险的全面爆发。这一系列决策失误,充分说明企业主的企业管理能力的缺乏。

(4)宏观经济层面

与江龙控股情况基本相同,遭遇金融危机、国际紧缩性货币政策和纺织行业的转型升级。

4.2.4 丰华木业

1.案例背景

浙江丰华木业成立于 2006 年,原名衢州丰华木业,是经国家相关部门批准注册的一家生产高档细木工板的企业,主营细木工板、集成板、建筑模板、木制品,占地面积近 100 亩,公司拥有现代化标准厂房 2 万多平方米,拥有完整、科学、质量管理体系,产品畅销国内市场。2010 年,浙江丰华木业年销售额达到 5000 多万元,固定资产达 8000 多万元,是衢州当地知名的中等企业。

2.风险产生过程及关键事件

浙江丰华木业老板封庆华早年从事板材加工,2005 年在衢州沈家经济开发区买了块地。2008年金融危机袭来，封庆华的厂房盖了一半，而建行的860万贷款到期要还，他被迫涉足高利贷。后来，封庆华将衢州丰华木业改名为浙江丰华木业，但由于房产证上仍然注册为衢州丰华，因抵押物和企业名称不符合，很难从银行贷到款项。于是，封庆华在高利贷泥潭中越陷越深。

2009年底生意好转，他先后成立了浙江衢州丰华装饰材料有限公司、衢州丰华木业有限公司、衢州丰华电子有限公司，每个月能有500多万元营业额。

企业运转健康，企业主没有赌博、吸食毒品等恶习，但企业资金链却断裂，究其原因，主要是因为浙江省绝大多数中小企业依赖贷款扩大生产。

浙江省工商联调研发现，银行通常会对小企业实行基准利率上浮30%～50%的贷款政策，贴现率提高到4%～5%，加上存款回报、搭购理财产品、支付财务中介费用等，实际贷款成本接近银行基准利率的两倍。

当封庆华在银行遭遇贷款困难时，求助于民间高利贷，有的高利贷月息高达8～12分。调查发现，浙江80%的小企业靠民间借贷维持经营，年息最高的达180%。而一般制造类企业利润率只有几个点，很多企业存在资金链断裂之忧。

2011年8月，封庆华在江西融资未果后，选择出逃。资料显示，封庆华尚欠三家银行合计3300万元贷款未还。而民间债权人中，涉款450万元以上的报案人有10个左右，100万元以上的有20多个，封庆华共计欠款约1.3亿元。

3. 案例验证

本研究经过深入调研发现，浙江丰华木业出现资金链断裂的主要原因不是企业主盲目扩大生产，不是企业主管理缺陷，也不是产业发展困境，而是浙江省中小民营企业普遍存在的融资困难问题和企业生产成本上升问题。

2011年，国内物价上涨，企业用工成本增加，导致中小企业生产困难加剧。浙江省统计局的数据显示，2011年上半年浙江省规模以上工业企业亏损4673家，同比增长23.5%；企业亏损面和亏损率分别为14.6%和6%。浙江省6.6万家小微企业更是出现了总产值和利润下降的情况。

2011年，在国家实行组合拳式的紧缩性货币政策后，浙江省中小民营企业融资异常困难。据浙江省经信委统计，2011年上半年全省规模以上企业利息净支出369.98亿元，同比增长34.3%；小企业利息净支出增长45.5%。有56%的中小企业认为贷款困难程度超过去年。

浙江丰华木业不过是浙江省中小企业的一个缩影，只不过一些中小企业获得银行贷款赢得了喘息的机会，而浙江丰华木业在成立之初就求助于高利贷，从而走向了破产。

4.2.5　小　结

由此可见,在国际金融危机背景下,浙江省工业企业风险和危机频现,究其原因,既有企业外部的国内外宏观环境因素的影响,也有企业内部因素的制约,主要有:

1. 出口市场萎缩导致企业业务量减少

2008 年以来,受美国次贷危机和欧洲债务危机的双重影响,国际市场需求急剧萎缩,作为"世界工厂"的中国深受其害,工业企业海外销售订单和销售收入大幅减少,经营现金来源急剧下降。以纺织品企业为例,2008 年 9、10 月份,国内纺织业企业订单较高峰时减少了五六成。出口市场的萎缩主要源于三个方面:

一是在金融危机打击下,欧美等国失业率居高不下,国外消费者不得不节衣缩食,消费市场需求不振。

二是国际贸易保护主义抬头。各国普遍采用技术性贸易壁垒和"反倾销、反补贴"等贸易手段,直接导致浙江省工业企业出口难度加大和出口量减少。浙江省历来是国际贸易摩擦的重灾区,仅 2009 年,浙江省共遭受 16 个国家(地区)提起的反倾销、反补贴保障措施和特保调查 90 起。

三是面临发达国家再工业化影响。美国等发达国家重新重视实体经济,实施以先进制造业为核心的"再工业化",大力发展新能源、新材料、电子信息、节能环保等新兴产业,高度重视低碳经济、绿色经济,试图抢占未来科技和产业发展的制高点,对我国形成新的压力和制约因素。

2. 人民币升值导致企业利润减少

2008 年以来,人民币不断升值,企业利润空间进一步压缩,价格竞争优势持续削弱,严重影响企业出口。数据显示,2009 年浙江省规模以上工业企业平均主营业务利润率为 5.3%,纺织、服装、鞋帽、皮革、家具等传统行业出口生产企业的利润率一般在 2%～5% 之间。由于担心人民币升值,出现了一些企业对超过三个月的出口订单不敢接的现象。

图 4.2 是 2006 年以来美元兑人民币汇率月平均中间价波动图,由图可见,2008 年上半年和 2010 年下半年至今,两个阶段人民币升值速度非常快。2008 年上半年,美元兑人民币汇率月平均中间价从 1 月份的 7.2478 下滑到 6 月份的

6.8971。2010 年 8 月份,美元兑人民币汇率月平均中间价为 6.7901;2011 年 8 月份,美元兑人民币汇率月平均中间价下滑至 6.409;2012 年 12 月,美元兑人民币汇率月平均中间价下滑至 6.29。

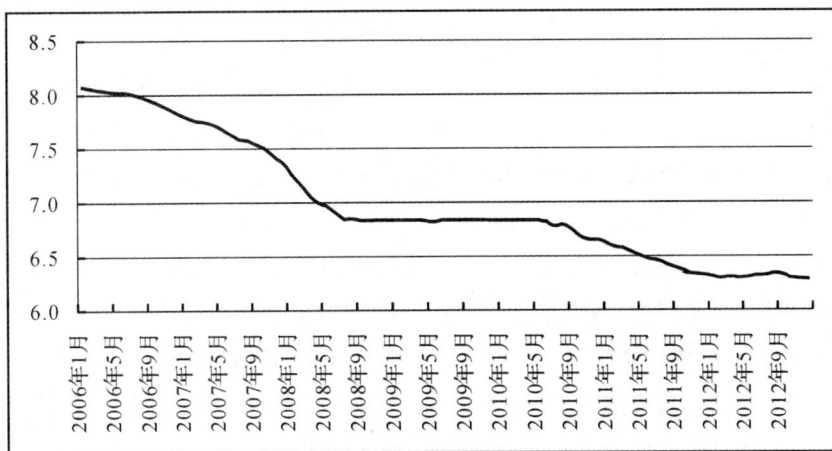

图 4.2　2006 年以来美元兑人民币汇率月平均中间价波动图

(数据来源于中国货币网 http://www.chinamoney.com.cn/)

3. 成本上升导致企业经营压力增大

2008 年以来,工业企业用工、原材料、融资、用地、用电等生产经营成本快速上升。成本上升进一步挤压了企业利润空间,甚至造成"企业生产得越多,亏损得越厉害"的现象,导致企业经营压力持续增大。

2008 年上半年,国际市场原油价格持续上涨,7 月 2 日欧佩克油价创下每桶 140.73 美元的历史高位,7 月 11 日纽约原油期货价格达 146.20 美元(盘中曾创出每桶 147.27 美元的历史新高)。受铁矿石、原油、煤炭、有色金属等大宗能源、原材料价格上涨影响,工业生产资料成本明显上升。同时,近年来长三角、珠三角等地区出现了"用工荒",而且新劳动法的实施,使得企业为了吸引并留住员工,大大提高了员工待遇。浙江省最低工资标准连续多年位列各省区之首,仅次于直辖市上海。

4. 国家宏观调控导致企业融资困难

2007 年,国家实行紧缩性货币政策,以组合拳的方式收紧银行信贷,主要表现在 10 次上调银行准备金率、6 次加息、设定新增贷款率"火线"。2011 年,央行又 6 次上调存款准备金率,3 次加息。在此政策背景下,银行普遍降低了企业的信贷额度,部分银行不仅停止发放新贷款,甚至收回没有到期的贷款。国家的宏观调控,使过度依赖银行贷款进行高速扩张的企业举步维艰,资金日趋紧张,转而寻求高利贷的帮助,最终导致了企业的破产。

以浙江省为例,浙江省国有银行的存款回报一般在贷款额度的30%左右,股份制银行更高。银行对中小企业的贷款利率上浮基本上都在30%左右。存贷款利差加上承兑汇票贴现利息,企业实际贷款利息远远高于正常贷款利息,接近甚至超过银行基准利率的两倍。由于银行信贷资金的不足、贷款利率过高,企业主转向民间借贷市场,使得民间借贷日趋活跃。浙江省多数地区的民间借贷利息在25%～30%之间。

2007年以来,受美国次贷危机和欧债危机的影响,中小企业实业回报率低,房地产、资本行业回报率高,绝大多数的企业投资实业的信心遭受打击。一些企业把工业企业当成融资平台,不断将企业生产资金转移到房地产、资本等回报率高的行业。然而,随着国家对房地产行业的宏观调控的加剧,房地产行业并不景气,套走了企业大量的资金。因此,这些企业只能不断抽走工业企业的实业资金,来保房地产、资本行业的资金,这也是一些企业资金过度紧张的重要原因。

在国内实行紧缩货币政策的条件下,企业融资困难引起的企业流动资金不足、民间借贷的不稳定性等问题给企业带来了巨大的风险。

5.经济转型升级导致企业运营风险加大

我国工业产业以传统产业、劳动密集型产业居多,在发展中存在结构性和素质性的问题。这些问题主要有:产业层次不高,传统产业比重偏大;沿袭粗放型的发展方式,土地、水电能源等重要资源和生态环境制约突出;企业技术创新能力不强;随着"人口红利期"的结束,劳动密集型产业的劣势凸显。

2008年,纺织产业重镇浙江绍兴(纺织产业占当地经济总量均在60%以上)的经济也受到严重影响,华联三鑫、江龙控股、纵横集团、五环氨纶、金雄、耀龙、嵊州贝斯特等七家绍兴影响面较大的企业遭遇了危机。2011年,温州的打火机企业从3000多家锐减为100家左右,制鞋企业也从3000多家减少为1000家左右。

随着买方市场的形成、经济全球化和新技术革命的来临,我国工业企业的结构性缺陷越来越凸显,在经济转型升级过程中,这些制约因素直接影响企业的运营,给企业带来了巨大的风险。

6.治理结构缺陷导致企业缺乏风险应对能力

近年来,浙江诸多工业企业出现了严重的风险和危机问题,这固然与美国次贷危机引发的国际金融危机紧密相关,但工业企业本身存在治理结构缺陷,缺乏风险意识、风险预警和风险应对能力无疑是其中的一个重要因素。

自1993年全球首个CRO(Chief Risk Officer,首席风险执行官)诞生以来,80%以上的世界性金融机构都设有该职位,国外的工业企业也逐渐专设了该岗位,CRO已经成为现代企业不可或缺的重要管理人员。而目前浙江省的工业企业绝大多数管理人员还没有认识到风险管理的重要性,甚至根本不了解什么是风险管理,有的企业还停留在家族式管理的阶段,现代企业制度尚未建立。

7.企业家素质不高导致企业风险加剧

企业家素质不高导致企业风险加剧,主要表现为以下几个方面:

一是企业家盲目投资,盲目多元化。近年来,从我国企业多元化的实践来看,多元化经营失败的案例远远多于成功的案例,特别是与自己主业无关的多元化更是一个成功的陷阱。

二是企业家赌博现象比比皆是。"草根浙商"成功的重要因素是其骨子里天生的"赌性",喜欢冒险行为。一些企业家文化素质偏低,精神享受较少,赌博成为他们非常重要的精神享受和娱乐活动,一些企业家甚至因此而输得倾家荡产。

三是企业家管理能力的缺乏。创业容易守业难,企业家在企业发展到一定程度后,不知道该如何继续前进,不懂得运用现代企业管理制度规范企业。

4.3 工业企业风险的应对

工业企业发生风险后,政府是否有必要介入? 如果有必要介入,采取何种方式介入? 本研究经过深入调研,认为在金融危机期间发生的企业风险,由于规模较大、范围较广、影响较大,对当地经济具有很大的危害性,政府应当采取积极措施加以应对。

4.3.1 工业企业风险的危害性

2007年以来,嘉兴的皮革业、义乌的小商品业、温州的打火机和鞋革行业、台州的塑料制品和缝制设备行业、绍兴的纺织轻纺业、宁波的服装和文具行业等都面临着严重的风险和危机问题。仅2008年,浙江工业企业注销数就超过了2万家,一大批行业龙头企业在发展过程中遭遇风险和危机问题。这些行业龙头企业资产经营规模在当地排名前列,净资产质量较好,与上下游企业、银行关联度较高。

工业企业所出现的风险和危机问题，具有极大的社会危害性，很可能会形成多米诺骨牌效应，引发一系列连锁反应，极大地冲击行业内和上下游企业，造成一大批产业工人的失业，严重地影响地方的金融生态和经济发展环境，并进一步演变成区域经济系统风险，进而危及社会的稳定。

1. 严重影响社会稳定

以绍兴为例，浙江纵横集团、江龙控股、华联三鑫相继破产，仅纵横集团一家，员工数量就超过 6800 人，江龙控股员工数量超过 4000 人，华联三鑫员工数量 700 余人，三家公司员工总数超过 1.1 万。在企业宣布破产后，员工大量失业，员工工资被拖欠，大批企业员工涌上街头"讨薪"，这些都给当地的政府带来巨大的社会压力。

2008 年浙江工业企业注销数超过了 2 万家，仅以平均每家企业 50 名员工计算，失业员工数量就达到 100 万之巨。如何确保百万企业员工的合法权益，并在数日内解决员工去留和工资等相关问题，成为摆在政府面前的一大难题。

2. 严重影响金融生态

上述绍兴三家企业投资规模十分巨大，而且都是当地的龙头企业，三家企业的贷款几乎涉及绍兴的所有银行，有的银行贷款额度非常大，近乎是企业全年利润的一半，因此银行风险巨大。数据显示，江龙集团总资产 22 亿元，总负债 22.17 亿元，其中银行负债 12.81 亿元。

企业间存在"担保链"，给破产企业的担保企业带来了巨大的风险。以纵横集团为例，7 家企业为纵横集团担保，涉及担保金额 15.5 亿元，纵横集团为 19 家企业提供担保，共涉及担保金额约 30 亿元。而在以江龙集团为核心的担保链上，为江龙集团直接担保的有 8 家公司，总规模在 10 亿元以上，多为当地知名的大型纺织印染企业。案例企业的破产，给相关的担保企业带来了巨大的风险。

3. 严重影响当地经济发展

企业破产后，债权人的合法利益得不到保护，势必影响地方投资环境，提醒投资者在这些地方投资时保持高度警惕，最终影响当地经济发展。龙头企业的破产、担保链的断裂，极易引起当地相关行业和产业链的崩盘，严重影响当地的经济发展。

4.3.2 政府介入工业企业风险应对的必要性

政府介入工业企业风险既有其理论必要性,又有其实践必要性。从理论上看,"市场失灵"呼唤政府的有效介入;从实践上看,工业企业风险一旦处理不当,极易引起公共危机问题,影响到当地的可持续发展,需要政府的介入。

1. 市场失灵呼吁政府介入

根据经济学理论,在完全竞争的市场上,由于价格和竞争等市场机制的作用,追求利润最大化的厂商和追求效用最大化的消费者,自愿达成了双方均能接受的契约,商品价格达到均衡,市场出清,在市场这只"看不见的手"的调解下,稀缺资源得到了优化配置,达到了"帕累托最优"。然而在现实经济中,完全竞争的市场是不存在的,市场不是万能的,由于存在信息不对称、外部经济等因素,市场这只"看不见的手"经常失灵。案例中的四家企业都是行业翘楚,代表着产业发展的方向,却也在市场发展过程中遭遇风险。因此,"看不见的手"失灵时需要政府这只"看得见的手"来矫正,即政府通过调节市场机制,弥补市场缺陷,纠正市场失灵。

2. 公共危机急需政府介入

在上一节本书讨论了工业企业所出现的风险和危机问题,具有极大的社会危害性,很可能会形成多米诺骨牌效应,进而危及社会的稳定。

在发生国际性金融危机时,很多企业因无法承受冲击而倒闭或破产,这需要引起地方政府的重视。企业倒闭会伴生债权人讨要欠款、工人讨要工资以及失业工人就业甚至社会稳定等问题,需要政府出面处理解决。企业破产时,如果政府部门不及时介入,其财产可能被债权人哄抢,极有可能酿成集体事件。上述三家企业员工在企业发生风险后,都发生了员工聚集厂区讨薪事件和债权人上门追债事件,这些事件如果不加以有效控制,很可能发生公共危机事件。

3. 持续发展需要政府介入

工业企业之间存在着大量三角债,企业拖欠供货方的货款和供货方拖欠材料商的费用是行业内常态,再加上企业之间的"担保圈",一个工业企业的危机问题会引发整个产业链的生存危机。

因此,要保护当地经济和社会的持续发展,地方政府有必要及时介入,以免危机蔓延至整个产业链。

4. 国际经验提示政府介入

20世纪30年代的大危机,美国采用"罗斯福新政"成功地从危机解困,自此,在市场失灵时,各国政府普遍运用"有形的手"指挥市场那"无形的手",从而从危机中解困。成功的历史经验表明,政府及时介入企业危机是防止危机蔓延和迅速摆脱危机的有效手段。在此次金融危机的肇始地美国,政府也是挺身而出,大力帮助企业解困。

因此,各级政府尤其是地方政府应当承担起破产倒闭企业清算的责任、化解社会矛盾的责任,采取特殊手段,维护经济和社会的稳定。

4.3.3　政府应对风险的策略措施

在工业企业发生风险或危机后,政府可以采取哪些积极有效的措施帮助企业解困,避免产业链的崩盘和公共危机事件的发生,从而确保当地经济和社会的持续发展。通过走访义乌市经济发展局、绍兴县经济贸易委员会和一些有代表性的工业企业,本书系统地梳理了政府应对风险的有效措施,主要有:

1. 为企业化解风险提供政策支持

2008 年 10 月,浙江省的一些行业龙头企业因宏观经济环境变化等外部不利因素导致财务状况急剧恶化引发危机,一些龙头企业因对外提供担保,履行担保义务,引发企业资金链断裂。

针对这一情况,浙江省经贸委和银监局共同起草,下发了《关于做好行业龙头企业资金链安全保障工作的若干意见》,要求银行部门搞好与企业的沟通,加强对信贷资金的监测、预警,逐笔做好大额信贷资金的风险防范预案,避免由于关联担保而引起的"骨牌"效应,化解资金链危机;要求政府部门和金融机构通过一定的帮扶措施或其他债务重组等途径化解此类企业的财务风险。

这份文件规定,政府将加强对当地龙头企业的运行监测,做好风险防范预案。一旦出现资金链危机,要积极牵头联系债权银行和企业,共同研究处置方案,包括开展企业清产核资、帮助企业办理有关权证、增加企业融资抵押及担保能力、引荐相关投资公司与企业对接等。

文件还鼓励各地方政府召集本地知名企业建立企业应急互助基金,为那些因为短期资金周转困难诱发资金链出现问题的企业,尤其是行业龙头企业,提供应急救助资金,帮助企业解决短期的资金周转困难,为企业短期资金周转提供保障,并形成有效的预警救助机制。

这些政策的提出,表明政府帮助企业度过危机的决心和信心,为银行和政府介入企业风险提供了政策依据,为企业化解风险指明了方向,提供了有力的政策支持。

2009年4月,绍兴市人民政府办公室转发了市经贸委关于化解企业资金风险意见的通知,要求对"年销售规模在10亿元以上、符合产业发展方向、对地方经济金融正常运行具有重要影响的企业,以及年销售额虽不到10亿元但行业关联度大、负债率较高、担保链复杂、发生资金链断裂风险有可能引发连锁反应的企业",按照"防范为主、防治结合"的方针,通过政府引导、企业主导、金融保障作用"三管齐下",构建企业资金风险防范化解体系,落实各方面的保障措施政策,确保整个经济社会的稳定健康发展。

2.为企业缓解风险提供资金保障

2006年,浙江省绍兴诸暨首创了总额为5000万元的"企业应急互助基金",诸暨市财政出资1000万元,诸暨市企业家协会下属60家会员企业出资4000万元。当企业遇到在授信额度内的贷款到期后转贷过程中的资金周转困难,或企业在正常的生产经营中遇到资金困难,经基金评审委员会认定,可以申请该基金。实践证明,这种互助方式能够帮助企业化解资金链断裂的风险。

2008年10月,义乌市组织了经济发展局、银监办、人民银行、政法委、公安局、法院、财政局、国资公司、建设局、国土局、人劳社保局等11家单位,成立了义乌市风险企业处置工作领导小组。由义乌市国资公司拿出1亿元作为企业转贷应急资金,通过"解冻法"和"过河搭桥法",帮助困难企业归还银行借款,银行再重新给风险企业办理续贷手续。

为了保障企业员工的利益和社会稳定,绍兴县政府在处置江龙控股破产重组的过程中,采用了政府先行垫付企业办公室人员和一线员工工资的措施,待日后重组成功后从企业拿回,政府垫付的员工工资总额将近2000万元。

3.为企业破产重整提供智力支持

在上述四个案例中,当企业发生风险和危机时,政府部门在第一时间采取了一系列应急处置措施,派遣应急处置工作小组进驻企业,摸清企业资产和负债,维护企业秩序,拟定重组方案等工作。

纵横集团发生危机后,绍兴中级人民法院积极参与企业解困,解困重组工作领导小组进驻厂区,维持纵横集团正常生产,做到职工不散、机器不停、市场不丢、资产不缩、秩序不乱。在资产重组过程中,组织召开了债权银行会议,并对小额债权采用债权转让的方式"清零",积极为资产重组出谋划策。绍兴市中级人民法院的这一系列措施,得到了省委省政府的高度肯定,新华社为此撰写了《司法创新在企业危机处理中发挥的作用无可替代》一文。

4. 为企业破产重组提供协调机制

在绍兴市华联三鑫、纵横集团企业破产重组过程中,地方政府积极为企业破产重组提供协调机制,帮助破产企业找到重组方,并迅速恢复生产经营。

以华联三鑫为例,在地方政府的努力协调下,浙江远东化纤集团、绍兴滨海工业区开发投资有限公司分别注资 9 亿元和 6 亿元重组"华联三鑫"。其中,绍兴县滨海工业区开发投资有限公司是一家国企,该公司的投资有一个协议,即政府监管不经营,收息不分红,赢利即退出。

4.4　本章总结

本章在第 2 章文献综述理论研究和第 3 章国内外工业企业风险的动态预警及全面管理的主要做法与经验总结的基础上,选取了浙江省内四家具有区域代表性、行业代表性和风险代表性的浙江省工业企业为案例,从战略层面、财务层面、运营层面和宏观经济层面深入研究了浙江工业企业风险形成的主要原因、形成过程与形成机理,以及由此产生的经济社会危害性。从案例研究中,课题组总结发现了浙江省工业企业风险形成的主要原因,如图 4.3 所示。

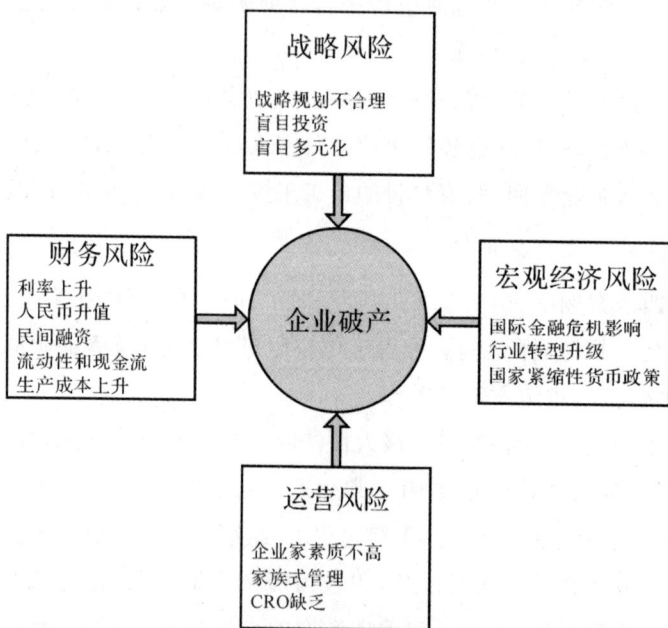

图 4.3　工业企业风险形成的主要原因示意图

　　进而,全面分析了浙江工业企业风险的社会危害性:影响社会稳定;严重影响金融生态和严重影响当地经济发展。工业企业风险具有如此严重的危害性,地方政府介入工业企业风险就显得非常必要。课题组从市场失灵、公共危机、持续发展和国际经验四个方面分析了地方政府介入工业企业风险的必要性。最后,课题组总结了浙江省各级地方政府应对工业企业风险的策略。

第 5 章　浙江工业企业风险动态预警指标体系

本章在第 2 章文献综述的基础上,结合第 4 章浙江省工业企业风险产生的原因分析,从战略层面、财务层面、运营层面和宏观经济四个维度,遴选了 48 个指标,建构了浙江工业企业风险动态预警的理论指标体系,并运用因子分析和相关分析等多重实证研究方法对预警指标进行了实证筛选,构建了具有较高信度和效度的浙江工业企业风险动态预警指标体系。

5.1　工业企业风险动态预警指标理论遴选

从现有文献看,国内外并没有建立完善的工业企业风险动态预警的指标体系,对工业企业风险动态预警的研究散见于一些财务类、金融类和保险类的期刊。这类文献关注企业面临的微观层面风险,即企业内部的财务风险和灾害风险,对企业面临的宏观环境风险缺乏考虑,然而,导致工业企业风险的因素既有其内部因素又有外部因素。因此,要促进工业经济的可持续发展,必须用整合的观点全面考虑企业面临的内、外部因素,必须建立一套科学的工业企业风险动态预警指标体系。

在第 2 章企业风险形成的原因和形成机理研究的文献综述基础上,以企业风险管理理论为指导,从战略、财务、运营和宏观经济四个领域,遴选了 48 个指标构成了浙江省工业企业风险动态预警的第一轮指标体系 $X^{(1)}$,该指标体系由目标层、领域层和指标层三个层面构成(如表 5.1 所示)。

表 5.1　工业企业风险的动态预警理论指标体系 $X^{(1)}$

目标层	维度层	领域层	指标层	标识
工业企业风险动态预警的理论指标体系	财务指标	赢利能力	1.营业利润率	X_1
			2.总资产净利润率（ROA）B	X_2
			3.销售净利率	X_3
			4.营业毛利率	X_4
			5.净资产收益率（ROE）	X_5
			6.市盈率	X_6
			7.资本保值增值率 A	X_7
		偿债能力	8.流动比率	X_8
			9.速动比率	X_9
			10.现金比率	X_{10}
			11.资产负债率	X_{11}
			12.利息保障倍数 B	X_{12}
		资产管理能力	13.存货周转率 B	X_{13}
			14.应收账款周转率 B	X_{14}
			15.流动资产周转率 B	X_{15}
			16.固定资产周转率 B	X_{16}
			17.总资产周转率 B	X_{17}
		成长能力	18.总资产增长率 A	X_{18}
			19.营业收入增长率 B	X_{19}
			20.资本积累率 B	X_{20}
			21.每股未分配利润	X_{21}
		现金流量	22.营业收入现金比率	X_{22}
			23.全部资产现金回收率	X_{23}
			24.债务保障率	X_{24}
			25.现金流量比率	X_{25}
	宏观经济指标	利率	26.利率变化	X_{26}
		汇率	27.汇率变化	X_{27}
		融资难度	28.存款准备金率	X_{28}
		工业制造业生产指数	29.工业企业景气指数	X_{29}
			30.工业企业家信心指数	X_{30}
		消费者价格指数	31.消费者价格指数	X_{31}
		M2货币供给	32.M2货币供给变化	X_{32}
		劳动力成本	33.职工平均工资	X_{33}

续表

目标层	维度层	领域层	指标层	标识
工业企业风险动态预警的理论指标体系	战略指标	战略规划(S1)	34. 是否有长远战略规划	X_{34}
			35. 战略规划是否合理	X_{35}
		行业利润(S2)	36. 主营行业利润率	X_{36}
		新项目投资情况(S3)	37. 是否为非相关多元化	X_{37}
			38. 新项目的投资回报率	X_{38}
	运营指标	股权结构(O1)	39. 董监事持股比率	X_{39}
		董事会特性(O2)	40. 董事长与总经理是否为同一人	X_{40}
		审计师意见(O3)	41. 审计师是否出具保留意见	X_{41}
		企业家素质(O4)	42. 企业家经营管理能力	X_{42}
			43. 企业家对未来把握能力	X_{43}
			44. 企业家是否存在"赌毒"恶习	X_{44}
		组织结构(O5)	45. 是否是家族制企业	X_{45}
			46. 是否建立了现代企业制度	X_{46}
			47. 组织结构是否合理	X_{47}
		CRO任命(O6)	48. 是否有CRO	X_{48}

在初步构建了工业企业风险动态预警的第一轮指标体系 $X^{(1)}$ 后,通过专家会议和邮寄等形式,征求了 100 多名企业家、从事工业经济的政府官员和从事经济研究的专家学者的意见建议,认为这一预警指标体系基本上涵盖了企业风险形成的原因。因此,这一预警指标体系设计是合理的。

上述四个层面中,战略因素和企业运营因素相关指标需要通过问卷量表得到,而问卷调查极易受到受调查者主观因素的干扰,因此在本研究中暂不予以实施。财务因素和宏观经济指标数据是硬性指标,能够通过各种方法搜集得到。因此,本研究在以往学者研究的基础上,从企业财务和宏观经济两个层面遴选了 33 个指标构成了工业企业风险动态预警的指标体系(由表 5.1 的前 33 个指标构成)。

工业企业风险动态预警的第一轮指标体系 $X^{(1)}$,是根据企业风险管理内涵和企业风险形成原因,并参阅国内外企业风险动态预警研究的大量成果,以及通过对工业企业风险形成原因的案例分析后构建的,集中体现了研究者的专业知识和对工业企业风险动态预警指标体系的理论构思,具有较强的主观色彩,因此很有必要对理论遴选的指标进行相关分析和因子分析等实证筛选,以增强预警指标的科学性、合理性和可操作性。

5.2.1　工业企业风险动态预警指标的相关分析

1. 相关分析原理

相关分析(correlation analysis)研究现象之间是否存在某种依存关系,并对具有依存关系的现象探讨其相关方向以及相关程度,是研究随机变量之间的相关关系的一种统计方法。经过专家筛选的浙江工业企业风险动态预警第一轮指标体系 $X^{(1)}$ 中,一些预警指标之间可能存在高度的相关关系,这种高度相关性会导致预警信息的重复过度使用,从而大大降低预警结果的科学性和合理性。通过对预警指标之间的相关分析,删除一些与其他预警指标高度相关且隶属度相对较低的预警指标,可以有效消除或者降低预警指标重复反映被测量对象信息而带来的对预警结果的影响。

预警指标相关分析通常包括以下三个基本过程:

一是对预警指标的标准化处理。由于各个预警指标的计量单位和数量级不尽相同,需要对原始数据进行无量纲处理,以减少预警指标的不同计量单位对分析结果的影响。假设 X_i 为预警指标的原始数据,$\overline{X}$ 为预警指标的均值,S_i 为预警指标的标准差,Z_i 为标准化值,则有

$$Z_i = \frac{X_i - \overline{X}}{S_i}$$

二是计算各预警指标之间的简单相关系数 R_{ij}。简单相关系数 R_{ij} 的计算公式为

$$R_{ij} = \frac{\sum_{k=1}^{n}(Z_{ki} - \overline{Z_i})(Z_{kj} - \overline{Z_j})}{\sqrt{\sum_{k=1}^{n}(Z_{ki} - \overline{Z_i})^2(Z_{kj} - \overline{Z_j})^2}}$$

三是根据研究需要,确定一个临界值 $M(0 < M < 1)$,如果 $R_{ij} > M$,则可以删除其中一个隶属度较低的预警指标(X_i 或者 X_j);如果 $R_{ij} < M$,则同时保留 X_i 和 X_j 这两个预警指标。

2. 相关分析结果

工业企业风险动态预警的第一轮指标体系 $X^{(1)}$ 所使用的 33 个解释变量中,包括 25 个财务指标和 8 个宏观环境指标。财务指标之间存在一定的相关关系,即解释变量之间存在多重共线性,会直接导致方程回归系数估计的标准误差偏大、系数估计值的精确度降低等问题,因此需要对其进行相关分析。

课题组通过查阅浙江省 2005 年至 2012 年 57 家在沪深两市上市交易的工业企业季度公报，采集了工业企业风险动态预警第一轮指标体系 $X^{(1)}$ 中 25 个财务指标的数据。在此基础上，运用 SPSS 统计软件包对其进行相关分析，得到这 25 个指标的相关系数矩阵，如表 5.2、表 5.3 及表 5.4 所示。

表 5.2　相关系数（一）

		营业利润率 X_1	总资产净利润率 X_2	销售净利率 X_3	营业毛利率 X_4	净资产收益率 X_5	市盈率 X_6	资本保值增值率 X_7	流动比率 X_8	速动比率 X_9
营业利润率 X_1	Pearson Correlation	1	0.646**	0.790**	0.507**	0.427**	−0.155**	0.173**	0.055*	0.190**
	Sig. (2-tailed)		0.000	0.000	0.000	0.000	0.000	0.000	0.029	0.000
	N	1596	1537	1596	1596	1590	1454	1537	1596	1596
总资产净利润率 X_2	Pearson Correlation	0.646**	1	0.859**	0.272**	0.915**	−0.102**	0.194**	0.000	0.106**
	Sig. (2-tailed)	0.000		0.000	0.000	0.000	0.000	0.000	0.999	0.000
	N	1537	1537	1537	1537	1533	1399	1537	1537	1537
销售净利率 X_3	Pearson Correlation	0.790**	0.859**	1	0.260**	0.774**	−0.120**	0.135**	0.029	0.098**
	Sig. (2-tailed)	0.000	0.000		0.000	0.000	0.000	0.000	0.245	0.000
	N	1596	1537	1596	1596	1590	1454	1537	1596	1596
营业毛利率 X_4	Pearson Correlation	0.507**	0.272**	0.260**	1	0.263**	−0.042	0.111**	0.024	0.175**
	Sig. (2-tailed)	0.000	0.000	0.000		0.000	0.108	0.000	0.339	0.000
	N	1596	1537	1596	1596	1590	1454	1537	1596	1596
净资产收益率 X_5	Pearson Correlation	0.427**	0.915**	0.774**	0.263**	1	−0.096**	0.171**	−0.024	0.025
	Sig. (2-tailed)	0.000	0.000	0.000	0.000		0.000	0.000	0.343	0.319
	N	1590	1533	1590	1590	1590	1449	1533	1590	1590
市盈率 X_6	Pearson Correlation	−0.155**	−0.102**	−0.120**	−0.042	−0.096**	1	−0.028	0.004	−0.008
	Sig. (2-tailed)	0.000	0.000	0.000	0.108	0.000		0.290	0.867	0.760
	N	1454	1399	1454	1454	1449	1454	1399	1454	1454
资本保值增值率 X_7	Pearson Correlation	0.173**	0.194**	0.135**	0.111**	0.171**	−0.028	1	−0.066**	0.008
	Sig. (2-tailed)	0.000	0.000	0.000	0.000	0.000	0.290		0.010	0.761
	N	1537	1537	1537	1537	1533	1399	1537	1537	1537
流动比率 X_8	Pearson Correlation	0.055*	0.000	0.029	0.024	−0.024	0.004	−0.066**	1	0.633**
	Sig. (2-tailed)	0.029	0.999	0.245	0.339	0.343	0.867	0.010		0.000
	N	1596	1537	1596	1596	1590	1454	1537	1596	1596
速动比率 X_9	Pearson Correlation	0.190**	0.106**	0.098**	0.175**	0.025	−0.008	0.008	0.633**	1
	Sig. (2-tailed)	0.000	0.000	0.000	0.000	0.319	0.760	0.761	0.000	
	N	1596	1537	1596	1596	1590	1454	1537	1596	1596
现金比率 X_{10}	Pearson Correlation	0.229**	0.185**	0.135**	0.229**	0.082**	−0.057*	0.053*	0.225**	0.706**
	Sig. (2-tailed)	0.000	0.000	0.000	0.000	0.001	0.029	0.038	0.000	0.000
	N	1595	1536	1595	1595	1589	1453	1536	1595	1595

		营业利润率 X_1	总资产净利润率 X_2	销售净利率 X_3	营业毛利率 X_4	净资产收益率 X_5	市盈率 X_6	资本保值增值率 X_7	流动比率 X_8	速动比率 X_9
资产负债率 X_{11}	Pearson Correlation	-0.049*	-0.163**	-0.229**	0.091**	-0.025	0.041	-0.073**	0.156**	0.388**
	Sig. (2-tailed)	0.049	0.000	0.000	0.000	0.326	0.118	0.004	0.000	0.000
	N	1596	1537	1596	1596	1590	1454	1537	1596	1596
利息保障倍数 X_{12}	Pearson Correlation	0.060*	0.435**	0.292**	0.027	0.523**	-0.028	-0.010	-0.052*	0.075**
	Sig. (2-tailed)	0.019	0.000	0.000	0.303	0.000	0.297	0.701	0.045	0.003
	N	1502	1449	1502	1502	1497	1375	1449	1502	1502
存货周转率 X_{13}	Pearson Correlation	-0.083**	0.110**	-0.035	-0.297**	0.059*	-0.069*	0.056*	-0.023	0.017
	Sig. (2-tailed)	0.001	0.000	0.173	0.000	0.020	0.010	0.027	0.364	0.516
	N	1537	1537	1537	1537	1533	1399	1537	1537	1537
应收账款周转率 X_{14}	Pearson Correlation	0.005	0.080**	0.006	-0.139**	0.082**	-0.036	0.031	0.014	-0.024
	Sig. (2-tailed)	0.846	0.002	0.826	0.000	0.001	0.178	0.231	0.574	0.338
	N	1537	1537	1537	1537	1533	1399	1537	1537	1537
流动资产周转率 X_{15}	Pearson Correlation	-0.040	0.192**	-0.008	-0.212**	0.132**	-0.081**	0.078**	0.044	-0.062*
	Sig. (2-tailed)	0.114	0.000	0.748	0.000	0.000	0.002	0.002	0.085	0.016
	N	1537	1537	1537	1537	1533	1399	1537	1537	1537
固定资产周转率 X_{16}	Pearson Correlation	-0.057*	0.052*	-0.029	-0.201**	0.081**	-0.039	0.200**	-0.100**	0.020
	Sig. (2-tailed)	0.026	0.040	0.259	0.000	0.002	0.146	0.000	0.000	0.433
	N	1537	1537	1537	1537	1533	1399	1537	1537	1537
总资产周转率 X_{17}	Pearson Correlation	-0.049	0.188**	-0.016	-0.238**	0.132**	-0.082**	0.093**	-0.060*	-0.044
	Sig. (2-tailed)	0.052	0.000	0.541	0.000	0.000	0.002	0.000	0.018	0.086
	N	1537	1537	1537	1537	1533	1399	1537	1537	1537
总资产增长率 X_{18}	Pearson Correlation	0.066**	0.047	0.040	0.063*	0.090**	-0.011	0.791**	-0.015	0.008
	Sig. (2-tailed)	0.009	0.065	0.115	0.014	0.000	0.674	0.000	0.553	0.761
	N	1537	1537	1537	1537	1533	1399	1537	1537	1537
营业收入增长率 X_{19}	Pearson Correlation	0.082**	0.069**	0.052*	0.079**	0.141**	-0.028	0.537**	-0.028	-0.044
	Sig. (2-tailed)	0.001	0.007	0.040	0.002	0.000	0.290	0.000	0.274	0.079
	N	1579	1520	1579	1579	1573	1437	1520	1579	1579
资本积累率 X_{20}	Pearson Correlation	0.234**	0.260**	0.185**	0.178**	0.320**	-0.052*	0.722**	-0.082**	0.019
	Sig. (2-tailed)	0.000	0.000	0.000	0.000	0.000	0.050	0.000	0.001	0.442
	N	1570	1511	1570	1570	1566	1428	1511	1570	1570
每股未分配利润 X_{21}	Pearson Correlation	0.366**	0.351**	0.274**	0.159**	0.244**	-0.102**	0.192**	0.002	0.154**
	Sig. (2-tailed)	0.000	0.000	0.000	0.000	0.000	0.000	0.000	0.951	0.000
	N	1596	1537	1596	1596	1590	1454	1537	1596	1596

续表

		营业利润率 X_1	总资产净利润率 X_2	销售净利率 X_3	营业毛利率 X_4	净资产收益率 X_5	市盈率 X_6	资本保值增值率 X_7	流动比率 X_8	速动比率 X_9
收入现金比率 X_{22}	Pearson Correlation	0.103**	0.102**	0.053*	0.067**	0.102**	−0.004	0.019	0.045	0.028
	Sig. (2-tailed)	0.000	0.000	0.033	0.007	0.000	0.880	0.459	0.074	0.256
	N	1596	1537	1596	1596	1590	1454	1537	1596	1596
全部资产现金回收率 X_{23}	Pearson Correlation	0.239**	0.336**	0.114**	0.268**	0.335**	−0.046	0.063*	0.038	0.034
	Sig. (2-tailed)	0.000	0.000	0.000	0.000	0.000	0.078	0.013	0.125	0.169
	N	1596	1537	1596	1596	1590	1454	1537	1596	1596
债务保障率 X_{24}	Pearson Correlation	0.293**	0.387**	0.172**	0.282**	0.309**	−0.039	0.087**	0.021	0.117**
	Sig. (2-tailed)	0.000	0.000	0.000	0.000	0.000	0.142	0.001	0.391	0.000
	N	1596	1537	1596	1596	1590	1454	1537	1596	1596
现金流量比率 X_{25}	Pearson Correlation	0.301**	0.374**	0.151**	0.308**	0.314**	−0.044	0.073**	0.049*	0.151**
	Sig. (2-tailed)	0.000	0.000	0.000	0.000	0.000	0.093	0.004	0.049	0.000
	N	1596	1537	1596	1596	1590	1454	1537	1596	1596

** 在 $\alpha=1\%$ 的条件下显著相关(双侧检验)。

* 在 $\alpha=5\%$ 的条件下显著相关(双侧检验)。

表 5.3　相关系数(二)

		现金比率 X_{10}	资产负债率 X_{11}	利息保障倍数 X_{12}	存货周转率 X_{13}	应收账款周转率 X_{14}	流动资产周转率 X_{15}	固定资产周转率 X_{16}	总资产周转率 X_{17}	总资产增长率 X_{18}
营业利润率 X_1	Pearson Correlation	0.229**	−0.049*	0.060*	−0.083**	0.005	−0.040	−0.057*	−0.049	0.066**
	Sig. (2-tailed)	0.000	0.049	0.019	0.001	0.846	0.114	0.026	0.052	0.009
	N	1595	1596	1502	1537	1537	1537	1537	1537	1537
总资产净利润率 X_2	Pearson Correlation	0.185**	−0.163**	0.435**	0.110**	0.080**	0.192**	0.052*	0.188**	0.047
	Sig. (2-tailed)	0.000	0.000	0.000	0.000	0.002	0.000	0.040	0.000	0.065
	N	1536	1537	1449	1537	1537	1537	1537	1537	1537
销售净利率 X_3	Pearson Correlation	0.135**	−0.229**	0.292**	−0.035	0.006	−0.008	−0.029	−0.016	0.040
	Sig. (2-tailed)	0.000	0.000	0.000	0.173	0.826	0.748	0.259	0.541	0.115
	N	1595	1596	1502	1537	1537	1537	1537	1537	1537
营业毛利率 X_4	Pearson Correlation	0.229**	0.091**	0.027	−0.297**	−0.139**	−0.212**	−0.201**	−0.238**	0.063*
	Sig. (2-tailed)	0.000	0.000	0.303	0.000	0.000	0.000	0.000	0.000	0.014
	N	1595	1596	1502	1537	1537	1537	1537	1537	1537
净资产收益率 X_5	Pearson Correlation	0.082**	−0.025	0.523**	0.059*	0.082**	0.132**	0.081**	0.132**	0.090**
	Sig. (2-tailed)	0.001	0.326	0.000	0.020	0.001	0.000	0.002	0.000	0.000
	N	1589	1590	1497	1533	1533	1533	1533	1533	1533

		现金比率 X_{10}	资产负债率 X_{11}	利息保障倍数 X_{12}	存货周转率 X_{13}	应收账款周转率 X_{14}	流动资产周转率 X_{15}	固定资产周转率 X_{16}	总资产周转率 X_{17}	总资产增长率 X_{18}
市盈率 X_6	Pearson Correlation	-0.057^*	0.041	-0.028	-0.069^*	-0.036	-0.081^{**}	-0.039	-0.082^{**}	-0.011
	Sig. (2-tailed)	0.029	0.118	0.297	0.010	0.178	0.002	0.146	0.002	0.674
	N	1453	1454	1375	1399	1399	1399	1399	1399	1399
资本保值增值率 X_7	Pearson Correlation	0.053^*	-0.073^{**}	-0.010	0.056*	0.031	0.078^{**}	0.200^{**}	0.093^{**}	0.791^{**}
	Sig. (2-tailed)	0.038	0.004	0.701	0.027	0.231	0.002	0.000	0.000	0.000
	N	1536	1537	1449	1537	1537	1537	1537	1537	1537
流动比率 X_8	Pearson Correlation	0.225^{**}	0.156^{**}	-0.052^*	-0.023	0.014	0.044	-0.100^{**}	-0.060^*	-0.015
	Sig. (2-tailed)	0.000	0.000	0.045	0.364	0.574	0.085	0.000	0.018	0.553
	N	1595	1596	1502	1537	1537	1537	1537	1537	1537
速动比率 X_9	Pearson Correlation	0.706^{**}	0.388^{**}	0.075^{**}	0.017	-0.024	-0.062^*	0.020	-0.044	0.008
	Sig. (2-tailed)	0.000	0.000	0.003	0.516	0.338	0.016	0.433	0.086	0.761
	N	1595	1596	1502	1537	1537	1537	1537	1537	1537
现金比率 X_{10}	Pearson Correlation	1	0.258^{**}	0.115^{**}	0.116^{**}	-0.052^*	-0.040	0.008	0.027	-0.009
	Sig. (2-tailed)		0.000	0.000	0.000	0.042	0.120	0.750	0.294	0.734
	N	1595	1595	1501	1536	1536	1536	1536	1536	1536
资产负债率 X_{11}	Pearson Correlation	0.258^{**}	1	0.046	-0.042	-0.050	-0.094^{**}	0.155^{**}	-0.031	0.036
	Sig. (2-tailed)	0.000		0.072	0.101	0.051	0.000	0.000	0.230	0.163
	N	1595	1596	1502	1537	1537	1537	1537	1537	1537
利息保障倍数 X_{12}	Pearson Correlation	0.115^{**}	0.046	1	0.079^{**}	0.039	0.058^*	0.075^{**}	0.075^{**}	0.015
	Sig. (2-tailed)	0.000	0.072		0.002	0.139	0.028	0.004	0.004	0.556
	N	1501	1502	1502	1449	1449	1449	1449	1449	1449
存货周转率 X_{13}	Pearson Correlation	0.116^{**}	-0.042	0.079^{**}	1	0.318^{**}	0.804^{**}	0.307^{**}	0.762^{**}	-0.009
	Sig. (2-tailed)	0.000	0.101	0.002		0.000	0.000	0.000	0.000	0.722
	N	1536	1537	1449	1537	1537	1537	1537	1537	1537
应收账款周转率 X_{14}	Pearson Correlation	-0.052^*	-0.050	0.039	0.318^{**}	1	0.467^{**}	0.148^{**}	0.448^{**}	0.013
	Sig. (2-tailed)	0.042	0.051	0.139	0.000		0.000	0.000	0.000	0.610
	N	1536	1537	1449	1537	1537	1537	1537	1537	1537
流动资产周转率 X_{15}	Pearson Correlation	-0.040	-0.094^{**}	0.058^*	0.804^{**}	0.467^{**}	1	0.276^{**}	0.884^{**}	-0.005
	Sig. (2-tailed)	0.120	0.000	0.028	0.000	0.000		0.000	0.000	0.846
	N	1536	1537	1449	1537	1537	1537	1537	1537	1537
固定资产周转率 X_{16}	Pearson Correlation	0.008	0.155^{**}	0.075^{**}	0.307^{**}	0.148^{**}	0.276^{**}	1	0.515^{**}	0.199^{**}
	Sig. (2-tailed)	0.750	0.000	0.004	0.000	0.000	0.000		0.000	0.000
	N	1536	1537	1449	1537	1537	1537	1537	1537	1537

工业企业风险动态预警及全面管理研究

续表

		现金比率 X_{10}	资产负债率 X_{11}	利息保障倍数 X_{12}	存货周转率 X_{13}	应收账款周转率 X_{14}	流动资产周转率 X_{15}	固定资产周转率 X_{16}	总资产周转率 X_{17}	总资产增长率 X_{18}
总资产周转率 X_{17}	Pearson Correlation	0.027	−0.031	0.075**	0.762**	0.448**	0.884**	0.515**	1	0.010
	Sig. (2-tailed)	0.294	0.230	0.004	0.000	0.000	0.000	0.000		0.709
	N	1536	1537	1449	1537	1537	1537	1537	1537	1537
总资产增长率 X_{18}	Pearson Correlation	−0.009	0.036	0.015	−0.009	0.013	−0.005	0.199**	0.010	1
	Sig. (2-tailed)	0.734	0.163	0.556	0.722	0.610	0.846	0.000	0.709	
	N	1536	1537	1449	1537	1537	1537	1537	1537	1537
营业收入增长率 X_{19}	Pearson Correlation	−0.051*	0.011	0.016	0.004	0.034	0.000	0.317**	0.034	0.624**
	Sig. (2-tailed)	0.041	0.652	0.539	0.875	0.180	0.996	0.000	0.191	0.000
	N	1578	1579	1489	1520	1520	1520	1520	1520	1520
资本积累率 X_{20}	Pearson Correlation	0.083**	−0.017	0.065*	0.026	0.030	0.007	0.264**	0.032	0.550**
	Sig. (2-tailed)	0.001	0.505	0.012	0.313	0.251	0.781	0.000	0.216	0.000
	N	1569	1570	1483	1511	1511	1511	1511	1511	1511
每股未分配利润 X_{21}	Pearson Correlation	0.251**	−0.255**	−0.008	0.002	0.172**	0.110**	0.061*	0.123**	0.056*
	Sig. (2-tailed)	0.000	0.000	0.763	0.931	0.000	0.000	0.017	0.000	0.027
	N	1595	1596	1502	1537	1537	1537	1537	1537	1537
收入现金比率 X_{22}	Pearson Correlation	0.072**	0.011	0.033	0.055*	0.024	0.108**	−0.057*	0.060*	0.000
	Sig. (2-tailed)	0.004	0.670	0.203	0.030	0.344	0.000	0.024	0.018	0.985
	N	1595	1596	1502	1537	1537	1537	1537	1537	1537
全部资产现金回收率 X_{23}	Pearson Correlation	0.135**	0.042	0.092**	0.168**	0.157**	0.338**	−0.126**	0.207**	0.001
	Sig. (2-tailed)	0.000	0.090	0.000	0.000	0.000	0.000	0.000	0.000	0.964
	N	1595	1596	1502	1537	1537	1537	1537	1537	1537
债务保障率 X_{24}	Pearson Correlation	0.267**	0.059*	0.116**	0.171**	0.139**	0.303**	−0.100**	0.194**	0.002
	Sig. (2-tailed)	0.000	0.019	0.000	0.000	0.000	0.000	0.000	0.000	0.927
	N	1595	1596	1502	1537	1537	1537	1537	1537	1537
现金流量比率 X_{25}	Pearson Correlation	0.291**	0.136**	0.114**	0.171**	0.135**	0.303**	−0.100**	0.189**	0.002
	Sig. (2-tailed)	0.000	0.000	0.000	0.000	0.000	0.000	0.000	0.000	0.945
	N	1595	1596	1502	1537	1537	1537	1537	1537	1537

** 在 $\alpha=1\%$ 的条件下显著相关(双侧检验)。

* 在 $\alpha=5\%$ 的条件下显著相关(双侧检验)。

表 5.4　相关系数(三)

		营业收入增长率 X_{19}	资本积累率 X_{20}	每股未分配利润 X_{21}	营业收入现金比率 X_{22}	全部资产现金回收率 X_{23}	债务保障率 X_{24}	现金流量比率 X_{25}
营业利润率 X_1	Pearson Correlation	0.082**	0.234**	0.366**	0.103**	0.239**	0.293**	0.301**
	Sig. (2-tailed)	0.001	0.000	0.000	0.000	0.000	0.000	0.000
	N	1579	1570	1596	1596	1596	1596	1596
总资产净利润率 X_2	Pearson Correlation	0.069**	0.260**	0.351**	0.102**	0.336**	0.387**	0.374**
	Sig. (2-tailed)	0.007	0.000	0.000	0.000	0.000	0.000	0.000
	N	1520	1511	1537	1537	1537	1537	1537
销售净利率 X_3	Pearson Correlation	0.052*	0.185**	0.274**	0.053*	0.114**	0.172**	0.151**
	Sig. (2-tailed)	0.040	0.000	0.000	0.033	0.000	0.000	0.000
	N	1579	1570	1596	1596	1596	1596	1596
营业毛利率 X_4	Pearson Correlation	0.079**	0.178**	0.159**	0.067**	0.268**	0.282**	0.308**
	Sig. (2-tailed)	0.002	0.000	0.000	0.007	0.000	0.000	0.000
	N	1579	1570	1596	1596	1596	1596	1596
净资产收益率 X_5	Pearson Correlation	0.141**	0.320**	0.244**	0.102**	0.335**	0.309**	0.314**
	Sig. (2-tailed)	0.000	0.000	0.000	0.000	0.000	0.000	0.000
	N	1573	1566	1590	1590	1590	1590	1590
市盈率 X_6	Pearson Correlation	−0.028	−0.052*	−0.102**	−0.004	−0.046	−0.039	−0.044
	Sig. (2-tailed)	0.290	0.050	0.000	0.880	0.078	0.142	0.093
	N	1437	1428	1454	1454	1454	1454	1454
资本保值增值率 X_7	Pearson Correlation	0.537**	0.722**	0.192**	0.019	0.063*	0.087**	0.073**
	Sig. (2-tailed)	0.000	0.000	0.000	0.459	0.013	0.001	0.004
	N	1520	1511	1537	1537	1537	1537	1537
流动比率 X_8	Pearson Correlation	−0.028	−0.082**	0.002	0.045	0.038	0.021	0.049*
	Sig. (2-tailed)	0.274	0.001	0.951	0.074	0.125	0.391	0.049
	N	1579	1570	1596	1596	1596	1596	1596
速动比率 X_9	Pearson Correlation	−0.044	0.019	0.154**	0.028	0.034	0.117**	0.151**
	Sig. (2-tailed)	0.079	0.442	0.000	0.256	0.169	0.000	0.000
	N	1579	1570	1596	1596	1596	1596	1596
现金比率 X_{10}	Pearson Correlation	−0.051*	0.083**	0.251**	0.072**	0.135**	0.267**	0.291**
	Sig. (2-tailed)	0.041	0.001	0.000	0.004	0.000	0.000	0.000
	N	1578	1569	1595	1595	1595	1595	1595
资产负债率 X_{11}	Pearson Correlation	0.011	−0.017	−0.255**	0.011	0.042	0.059*	0.136**
	Sig. (2-tailed)	0.652	0.505	0.000	0.670	0.090	0.019	0.000
	N	1579	1570	1596	1596	1596	1596	1596

续表

		营业收入增长率 X_{19}	资本积累率 X_{20}	每股未分配利润 X_{21}	营业收入现金比率 X_{22}	全部资产现金回收率 X_{23}	债务保障率 X_{24}	现金流量比率 X_{25}
利息保障倍数 X_{12}	Pearson Correlation	0.016	0.065*	−0.008	0.033	0.092**	0.116**	0.114**
	Sig. (2-tailed)	0.539	0.012	0.763	0.203	0.000	0.000	0.000
	N	1489	1483	1502	1502	1502	1502	1502
存货周转率 X_{13}	Pearson Correlation	0.004	0.026	0.002	0.055*	0.168**	0.171**	0.171**
	Sig. (2-tailed)	0.875	0.313	0.931	0.030	0.000	0.000	0.000
	N	1520	1511	1537	1537	1537	1537	1537
应收账款周转率 X_{14}	Pearson Correlation	0.034	0.030	0.172**	0.024	0.157**	0.139**	0.135**
	Sig. (2-tailed)	0.180	0.251	0.000	0.344	0.000	0.000	0.000
	N	1520	1511	1537	1537	1537	1537	1537
流动资产周转率 X_{15}	Pearson Correlation	0.000	0.007	0.110**	0.108**	0.338**	0.303**	0.303**
	Sig. (2-tailed)	0.996	0.781	0.000	0.000	0.000	0.000	0.000
	N	1520	1511	1537	1537	1537	1537	1537
固定资产周转率 X_{16}	Pearson Correlation	0.317**	0.264**	0.061*	−0.057*	−0.126**	−0.100**	−0.100**
	Sig. (2-tailed)	0.000	0.000	0.017	0.024	0.000	0.000	0.000
	N	1520	1511	1537	1537	1537	1537	1537
总资产周转率 X_{17}	Pearson Correlation	0.034	0.032	0.123**	0.060*	0.207**	0.194**	0.189**
	Sig. (2-tailed)	0.191	0.216	0.000	0.018	0.000	0.000	0.000
	N	1520	1511	1537	1537	1537	1537	1537
总资产增长率 X_{18}	Pearson Correlation	0.624**	0.550**	0.056*	0.000	0.001	0.002	0.002
	Sig. (2-tailed)	0.000	0.000	0.027	0.985	0.964	0.927	0.945
	N	1520	1511	1537	1537	1537	1537	1537
营业收入增长率 X_{19}	Pearson Correlation	1	0.747**	0.075**	−0.043	−0.014	−0.008	−0.012
	Sig. (2-tailed)		0.000	0.003	0.085	0.583	0.762	0.636
	N	1579	1570	1579	1579	1579	1579	1579
资本积累率 X_{20}	Pearson Correlation	0.747**	1	0.233**	−0.011	0.050*	0.077**	0.075**
	Sig. (2-tailed)	0.000		0.000	0.667	0.048	0.002	0.003
	N	1570	1570	1570	1570	1570	1570	1570
每股未分配利润 X_{21}	Pearson Correlation	0.075**	0.233**	1	0.066**	0.239**	0.335**	0.322**
	Sig. (2-tailed)	0.003	0.000		0.009	0.000	0.000	0.000
	N	1579	1570	1596	1596	1596	1596	1596
收入现金比率 X_{22}	Pearson Correlation	−0.043	−0.011	0.066**	1	0.540**	0.402**	0.416**
	Sig. (2-tailed)	0.085	0.667	0.009		0.000	0.000	0.000
	N	1579	1570	1596	1596	1596	1596	1596

		营业收入增长率 X_{19}	资本积累率 X_{20}	每股未分配利润 X_{21}	营业收入现金比率 X_{22}	全部资产现金回收率 X_{23}	债务保障率 X_{24}	现金流量比率 X_{25}
全部资产现金回收率 X_{23}	Pearson Correlation	−0.014	0.050*	0.239**	0.540**	1	0.884**	0.887**
	Sig. (2-tailed)	0.583	0.048	0.000	0.000		0.000	0.000
	N	1579	1570	1596	1596	1596	1596	1596
债务保障率 X_{24}	Pearson Correlation	−0.008	0.077**	0.335**	0.402**	0.884**	1	0.983**
	Sig. (2-tailed)	0.762	0.002	0.000	0.000	0.000		0.000
	N	1579	1570	1596	1596	1596	1596	1596
现金流量比率 X_{25}	Pearson Correlation	−0.012	0.075**	0.322**	0.416**	0.887**	0.983**	1
	Sig. (2-tailed)	0.636	0.003	0.000	0.000	0.000	0.000	
	N	1579	1570	1596	1596	1596	1596	1596

** 在 $\alpha=1\%$ 的条件下显著相关(双侧检验)。
* 在 $\alpha=5\%$ 的条件下显著相关(双侧检验)。

相关分析的结果表明,绝大多数财务指标之间的相关系数非常高,而且都达到了高度显著的程度。以现金流量比率 X_{25} 为例,其与债务保障率 X_{24} 的相关系数为 0.983,而且经检验在 1% 的显著性水平下高度相关。因此,在后续研究中应关注解释变量之间的多重共线性问题。

5.2.2 工业企业风险动态预警指标的因子分析

1.因子分析原理

因子分析是以相关分析为基础,从协方差或相关阵开始把每个测量变量的方差分解成两个部分:一部分是由所有测量变量共同具有的少数几个因子引起的方差,即公共因子的方差;另一部分是每个测量变量特有的特殊因子引起的方差。公共因子和特殊因子之间是不相关的。若公共因子与特殊因子还存在相关,则说明特殊因子中还可以抽取公共因子。因子分析的基本过程通常可分为两个步骤:

第一步,主因子分析。主因子分析是通过对原始变量的相关系数矩阵内部结构的研究,导出能控制所有变量的少数几个综合变量,通过这少数几个综合变量去描述原始的多个变量之间的相关关系。一般来说,这少数的几个综合变量是不可观测的,故称其为因子。我们又称这种通过原始变量相关系数矩阵出发的因子分析为 R 型因子分析。因子分析所获得的反映变量间本质联系、变量与公共因子的关系的全部信息通过导出的因子负荷矩阵体现。

第二步,因子解释和命名。从因子分析导出的负荷矩阵的结构出发,把变量按与公共因子相关性大小的程度分组,使同组内变量间的相关性较高,不同组的变量的相关性较低,按公共因子包含变量的特点(即公因子内涵)对因子进行解释和命名。

基于上述原理,课题组运用 SPSS 统计软件对这些预警指标进行了因子分析。

2. 探索性因子分析

因子分析的目的在于求得预警指标体系的建构效度(construct validity)。采用因子分析可以抽取变量之间的共同因素,以较少的概念来代表原来较复杂的数据结构。因子分析又可以分为探索性因子分析(Exploratory Factor Analysis,EFA)和验证性因子分析(Confirmatory Factor Analysis,CFA),一般在指标体系遴选阶段进行的因子分析大都是探索性的因子分析(吴明隆,2010)。

(1)KMO 和球形 Bartlett 检验

首先通过 SPSS 软件对所选用的 33 个指标基本数据进行 KMO 检验和球形 Bartlett 检验,结果如表 5.5 所示。

表 5.5　KMO 和球形 Bartlett's 检验

Kaiser-Meyer-Olkin Measure of Sampling Adequacy.		0.693
Bartlett's Test of Sphericity	Approx. Chi-Square	52750.676
	df	528
	Sig.	0.000

表 5.5 给出了 KMO 和球形 Bartlett 检验的结果,其中 KMO 值为 0.693。Kaiser(1974)认为 KMO 值小于 0.5 时,题项变量间不适合进行因子分析;KMO 值大于 0.8 时,题项变量间的关系是良好的;KMO 值大于 0.9 时,题项变量间的关系是极佳的。KMO 值为 0.693,说明题项变量之间的关系较好,适合进行因子分析。Bartlett 球形检验给出卡方值为 52750.676,自由度为 528,概率值为 0.000,小于显著性水平 0.05,因此拒绝变量间的相关矩阵不是单位阵的零假设,即认为所选的变量很好,适合于进行因子分析。

(2)因子分析的共同度

表 5.6 所示是每个变量的初始共同性以及主成分分析法抽取主成分后的共同性。共同性越低,表示该变量越不适合投入到主成分分析之中;共同性越高,表示该变量与其他变量可测量的共同特征越多,即该变量越有影响力。表 5.6 中第二列显示初始共同度,全部为 1。第三列是抽取主成分后的共同度,绝大多

数变量的共同度在 0.7 以上。共同度估计值的高低可以作为变量是否适合保留的指标之一,若变量的共同度低于 0.20,可考虑将该变量删除(吴明隆,2010)。

表 5.6 共同性

	初始值	共同度
营业利润率 X_1	1.000	0.741
总资产净利润率 X_2	1.000	0.913
销售净利率 X_3	1.000	0.848
营业毛利率 X_4	1.000	0.493
净资产收益率 X_5	1.000	0.735
市盈率 X_6	1.000	0.447
资本保值增值率 X_7	1.000	0.669
流动比率 X_8	1.000	0.655
速动比率 X_9	1.000	0.912
现金比率 X_{10}	1.000	0.671
资产负债率 X_{11}	1.000	0.682
利息保障倍数 X_{12}	1.000	0.684
存货周转率 X_{13}	1.000	0.751
应收账款周转率 X_{14}	1.000	0.372
流动资产周转率 X_{15}	1.000	0.885
固定资产周转率 X_{16}	1.000	0.555
总资产周转率 X_{17}	1.000	0.894
总资产增长率 X_{18}	1.000	0.706
营业收入增长率 X_{19}	1.000	0.739
资本积累率 X_{20}	1.000	0.767
每股未分配利润 X_{21}	1.000	0.571
营业收入现金比率 X_{22}	1.000	0.435
全部资产现金回收率 X_{23}	1.000	0.913
债务保障率 X_{24}	1.000	0.907
现金流量比率 X_{25}	1.000	0.929
利率变化	1.000	0.451
汇率变化	1.000	0.971
存款准备金率	1.000	0.975
工业企业景气指数	1.000	0.902
企业家信心指数	1.000	0.921
CPI	1.000	0.978
M2 供给量	1.000	0.932
职工平均工资	1.000	0.967

提取方法:主成分分析。

（3）因子分析的总方差解释

表 5.7 说明了因子分析的因子方差贡献。第一个因子的初始特征根为 5.682,解释了这 33 个变量总方差的 17.217%;第二个因子的初始特征根为 4.648,解释了这 33 个变量总方差的 14.084%。经最大方差法旋转后,9 个因子被提取和旋转,其累计方差贡献和初始解的前 9 个因子相同。经最大方差法旋转后提取的 9 个因子累计方差贡献率达 75.673%。

表 5.7 总方差贡献

成分	初始特征值			提取平方和载入			旋转平方和载入		
	合计	方差的/%	累积/%	合计	方差的/%	累积/%	合计	方差的/%	累积/%
1	5.682	17.217	17.217	5.682	17.217	17.217	5.031	15.247	15.247
2	4.648	14.084	31.302	4.648	14.084	31.302	3.422	10.369	25.616
3	3.381	10.246	41.548	3.381	10.246	41.548	3.403	10.312	35.928
4	2.926	8.866	50.414	2.926	8.866	50.414	3.269	9.907	45.834
5	2.233	6.767	57.181	2.233	6.767	57.181	2.901	8.791	54.625
6	2.041	6.186	63.367	2.041	6.186	63.367	2.323	7.040	61.665
7	1.695	5.137	68.503	1.695	5.137	68.503	2.002	6.067	67.732
8	1.342	4.067	72.570	1.342	4.067	72.570	1.502	4.552	72.284
9	1.024	3.102	75.673	1.024	3.102	75.673	1.118	3.389	75.673
10	0.952	2.886	78.559						
11	0.919	2.785	81.343						
12	0.829	2.514	83.857						
13	0.794	2.406	86.263						
14	0.740	2.243	88.506						
15	0.628	1.902	90.408						
16	0.556	1.686	92.094						
17	0.547	1.657	93.750						
18	0.406	1.229	94.979						
19	0.354	1.073	96.052						
20	0.338	1.024	97.076						
21	0.192	0.582	97.658						
22	0.153	0.465	98.122						
23	0.145	0.438	98.561						
24	0.131	0.396	98.956						
25	0.097	0.293	99.249						
26	0.084	0.256	99.505						

成分	初始特征值			提取平方和载入			旋转平方和载入		
	合计	方差的/%	累积/%	合计	方差的/%	累积/%	合计	方差的/%	累积/%
27	0.056	0.169	99.674						
28	0.039	0.117	99.791						
29	0.031	0.094	99.884						
30	0.016	0.049	99.933						
31	0.012	0.037	99.970						
32	0.006	0.018	99.988						
33	0.004	0.012	100.000						

提取方法:主成分分析。

图 5.1 为陡坡图检验的结果。陡坡图检验可以帮助研究者决定因子的数目。陡坡图是将每一主成分的特征值由高至低排序绘制而成的一条坡线,越向右边的特征值越小。图中横坐标是因子数目,纵坐标是特征值。陡坡图检验的判断准则是选取坡线倾斜度大的因子,删除坡线平坦的因子。从图 5.1 中可以看出,只有前面 9 个因子的特征值大于 1,9 个因子以后坡线平坦,表示无特殊因子值得抽取。

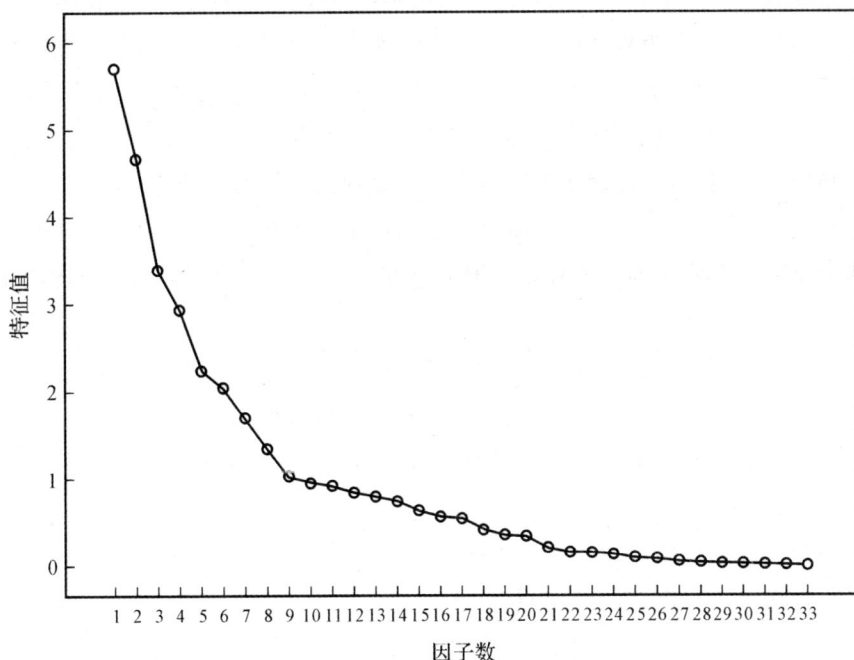

图 5.1　因子陡坡图

工业企业风险动态预警及全面管理研究

(4)因子命名

表 5.8 所示是旋转后的因子载荷矩阵,可以发现,居民消费价格指数、职工平均工资、存款准备金率、M2 供给量、汇率变化在第一个因子上的载荷都大于 95%,且它们都反映了企业面临的宏观经济环境,特别是金融环境,因此因子,可以命名为**金融环境因子**。

总资产周转率、流动资产周转率、存货周转率、应收账款周转率、固定资产周转率、营业毛利率在因子 2 上有很大载荷,而总资产周转率、流动资产周转率、存货周转率、应收账款周转率、固定资产周转率反映的都是企业的营运能力,因此因子 2 可以命名为**营运能力因子**。

全部资产现金回收率、现金流量比率、债务保障率和营业收入现金比率在因子 3 上有很大载荷,而这四项在财务管理理论中都属于企业的现金流量能力,因此因子 3 可以命名为**现金流量因子**。

总资产净利润率、销售净利率、净资产收益率、利息保障倍数和营业利润率在因子 4 上有很大的载荷,这些指标大都企业的赢利能力,因此因子 4 可以命名为**赢利能力因子**。

营业收入增长率、资本积累率、总资产增长率和资本保值增值率在因子 5 上有很大的载荷,这些指标反映了企业的发展能力,因此因子 5 可以命名为**发展能力因子**。

速动比率、流动比率和现金比率在因子 6 上有很大载荷,这些指标反映了企业的短期偿债能力,因此因了 6 可以命名为**短期偿债能力因子**。

企业家信心指数、工业企业景气指数和利率变化在因子 7 上有很大载荷,这些指标反映了企业面临的宏观经济环境中的工业制造业生产指数,因此因子 7 可以命名为**工业制造业生产指数因子**。

资产负债率和每股未分配利润在因子 8 上有一定载荷,这两个指标反映了企业的长期偿债能力,因此因子 8 可以命名为**长期偿债能力因子**。

因子 9 只有市盈率这一项,层面所包含的变量数太少无法显示因子所代表的意义,因此该因子被删除较为适宜。

因为这是一次探索性的因子分析,变量删除后的因子结构也会改变,因而需再进行一次因子分析,以验证指标体系的建构效度(见表 5.8)。在进行验证性因子分析时,所以包含的变量为筛选后的 32 个变量(不包括第 6 个变量市盈率)。

表 5.8 旋转的因子载荷矩阵

	因子								
	1	2	3	4	5	6	7	8	9
CPI X_{31}	0.981	0.038	0.001	-0.037	-0.023	0.012	-0.097	-0.027	0.045
职工平均工资 X_{33}	0.980	0.055	0.005	-0.021	-0.012	0.000	-0.037	-0.015	-0.038
存款准备金率 X_{28}	0.976	-0.035	-0.030	-0.054	-0.029	0.027	-0.089	-0.025	0.083
M2 供给量 X_{32}	0.960	-0.009	-0.019	-0.023	-0.020	-0.006	-0.034	0.000	-0.085
汇率变化 X_{27}	-0.955	0.043	0.058	0.033	0.020	-0.031	0.222	0.019	-0.036
总资产周转率 X_{17}	0.027	0.932	0.096	0.064	0.062	-0.020	-0.021	-0.031	0.071
流动资产周转率 X_{15}	0.054	0.908	0.226	0.044	0.014	-0.033	-0.022	0.050	-0.030
存货周转率 X_{13}	0.032	0.859	0.083	0.013	0.003	0.038	-0.014	-0.051	0.027
应收账款周转率 X_{14}	-0.075	0.575	0.085	0.004	0.007	-0.004	-0.011	0.168	-0.019
固定资产周转率 X_{16}	-0.048	0.525	-0.211	0.047	0.365	0.027	0.003	-0.250	0.184
营业毛利率 X_4	-0.044	-0.419	0.335	0.279	0.136	0.174	-0.073	0.118	0.238
全部资产现金回收率 X_{23}	0.001	0.134	0.935	0.137	0.001	-0.002	0.031	0.023	0.015
现金流量比率 X_{25}	-0.068	0.119	0.924	0.161	0.009	0.135	0.004	0.016	0.115
债务保障率 X_{24}	-0.065	0.128	0.913	0.171	0.010	0.092	0.016	0.058	0.102
营业收入现金比率 X_{22}	0.029	0.019	0.617	0.001	-0.005	-0.012	0.079	-0.014	-0.217
总资产净利润率 X_2	-0.022	0.141	0.200	0.907	0.080	0.049	0.000	0.145	0.023
销售净利率 X_3	-0.026	-0.072	-0.004	0.844	0.034	0.084	-0.005	0.349	0.010
净资产收益率 X_5	-0.046	0.067	0.222	0.793	0.125	-0.053	-0.045	-0.174	0.024
利息保障倍数 X_{12}	-0.089	0.072	0.004	0.640	-0.044	-0.042	0.041	-0.498	-0.088
营业利润率 X_1	-0.024	-0.162	0.185	0.629	0.114	0.214	-0.082	0.427	0.190
营业收入增长率 X_{19}	-0.065	-0.015	-0.034	0.023	0.849	-0.048	-0.094	-0.034	0.021
资本积累率 X_{20}	-0.128	-0.019	0.027	0.151	0.845	0.011	-0.042	0.071	0.080
总资产增长率 X_{18}	-0.017	-0.025	0.003	-0.013	0.836	0.005	0.017	-0.021	-0.069
资本保值增值率 X_7	0.154	0.235	0.070	0.089	0.742	-0.002	0.129	0.086	-0.056
速动比率 X_9	0.005	-0.025	0.025	0.066	-0.002	0.950	0.003	-0.061	-0.001
现金比率 X_{10}	-0.056	-0.006	0.161	0.117	0.001	0.748	0.010	-0.039	0.260
流动比率 X_8	0.135	0.014	-0.008	-0.033	-0.052	0.719	-0.014	0.086	-0.329
企业家信心指数 X_{30}	-0.207	0.015	0.059	-0.005	0.021	-0.011	0.935	0.012	0.008
工业企业景气指数 X_{29}	-0.311	-0.012	0.067	0.001	-0.003	-0.035	0.893	0.024	-0.030
利率变化 X_{26}	0.124	-0.112	0.007	-0.123	-0.061	0.065	0.451	-0.016	0.443
资产负债率 X_{11}	-0.056	-0.085	0.117	-0.144	0.046	0.428	-0.069	-0.655	0.134
每股未分配利润 X_{21}	-0.249	0.083	0.212	0.209	0.108	0.170	0.014	0.568	0.225
市盈率 X_6	-0.009	-0.085	0.021	-0.072	0.004	0.026	0.005	-0.055	-0.656

提取方法:主成分分析法。

旋转方法:具有 Kaiser 标准化的正交旋转法。

3. 验证性因子分析

(1)KMO 和球形 Bartlett 检验

首先通过 SPSS 软件对删除市盈率这一变量后的 32 个指标基本数据进行 KMO 检验和球形 Bartlett 检验,结果如表 5.9 所示。

表 5.9　KMO 和球形 Bartlett's 检验

Kaiser-Meyer-Olkin Measure of Sampling Adequacy.		0.693
Bartlett's Test of Sphericity	Approx. Chi-Square	56872.955
	df	496
	Sig.	0.000

表 5.9 给出了 KMO 和球形 Bartlett 检验的结果,其中 KMO 值为 0.693,说明题项变量之间的关系较好,适合进行因子分析。Bartlett 球形检验给出卡方值为 56872.955,自由度为 496,概率值为 0.000,小于显著性水平 0.05,因此拒绝变量间的相关矩阵不是单位阵的零假设,即认为所选的变量很好,适合于进行因子分析。

(2)因子分析的总方差解释

表 5.10 显示,经最大方差法旋转后提取的 8 个因子累积方差贡献率达 74.736%。

表 5.10　总方差贡献

成分	初始特征值			提取平方和载入			旋转平方和载入		
	合计	方差的/%	累积/%	合计	方差的/%	累积/%	合计	方差的/%	累积/%
1	5.677	17.740	17.740	5.677	17.740	17.740	5.060	15.811	15.811
2	4.639	14.496	32.236	4.639	14.496	32.236	3.400	10.626	26.437
3	3.381	10.566	42.803	3.381	10.566	42.803	3.387	10.585	37.022
4	2.925	9.141	51.944	2.925	9.141	51.944	3.090	9.656	46.679
5	2.232	6.975	58.918	2.232	6.975	58.918	2.902	9.068	55.747
6	2.041	6.378	65.296	2.041	6.378	65.296	2.345	7.327	63.073
7	1.687	5.271	70.567	1.687	5.271	70.567	1.980	6.188	69.261
8	1.334	4.168	74.736	1.334	4.168	74.736	1.752	5.475	74.736
9	0.995	3.109	77.844						

提取方法:主成分分析法。

(3)旋转后的因子载荷矩阵

表 5.11 显示了旋转后的因子载荷矩阵,这一矩阵表明工业企业动态预警指

标体系以及探索性因子分析所进行的因子命名是合理的。

表 5.11 旋转的因子载荷矩阵

	因 子							
	1	2	3	4	5	6	7	8
CPI X_{31}	0.983	0.037	0.003	−0.041	−0.020	0.024	−0.069	−0.027
存款准备金率 X_{28}	0.979	−0.034	−0.029	−0.041	−0.025	0.042	−0.054	−0.047
职工平均工资 X_{33}	0.979	0.054	0.006	−0.040	−0.014	0.000	−0.021	−0.008
汇率变化 X_{27}	−0.960	0.045	0.056	0.029	0.019	−0.045	0.193	0.037
M2 供给量 X_{32}	0.959	−0.010	−0.019	−0.039	−0.023	−0.013	−0.023	−0.015
总资产周转率 X_{17}	0.029	0.931	0.101	0.004	0.068	−0.010	−0.032	0.083
流动资产周转率 X_{15}	0.053	0.908	0.227	0.024	0.013	−0.042	−0.041	0.022
存货周转率 X_{13}	0.032	0.856	0.087	−0.050	0.007	0.047	−0.026	0.064
应收账款周转率 X_{14}	−0.077	0.582	0.080	0.091	0.001	−0.028	−0.019	−0.100
固定资产周转率 X_{16}	−0.042	0.517	−0.201	−0.112	0.382	0.073	0.005	0.201
营业毛利率 X_4	−0.036	−0.407	0.332	0.363	0.139	0.181	−0.036	0.037
全部资产现金回收率 X_{23}	0.001	0.135	0.936	0.124	0.001	0.002	0.027	0.058
现金流量比率 X_{25}	−0.066	0.123	0.923	0.169	0.012	0.149	0.016	0.054
债务保障率 X_{24}	−0.063	0.134	0.911	0.199	0.012	0.100	0.026	0.037
营业收入现金比率 X_{22}	0.022	0.013	0.616	−0.044	−0.013	−0.028	0.050	0.029
销售净利率 X_3	−0.019	−0.047	−0.013	0.860	0.023	0.025	−0.014	0.314
营业利润率 X_1	−0.016	−0.134	0.174	0.802	0.106	0.168	−0.055	0.070
总资产净利润率 X_2	−0.013	0.155	0.200	0.765	0.077	0.021	−0.020	0.505
每股未分配利润 X_{21}	−0.248	0.118	0.195	0.582	0.096	0.112	0.051	−0.303
营业收入增长率 X_{19}	−0.062	−0.020	−0.031	0.008	0.850	−0.042	−0.101	0.019
资本积累率 X_{20}	−0.125	−0.015	0.026	0.186	0.844	0.005	−0.042	0.022
总资产增长率 X_{18}	−0.020	−0.029	0.002	−0.022	0.833	−0.004	0.003	−0.005
资本保值增值率 X_7	0.149	0.241	0.066	0.115	0.736	−0.027	0.118	−0.003
速动比率 X_9	0.003	−0.020	0.012	0.087	−0.004	0.944	0.026	0.017
现金比率 X_{10}	−0.053	0.004	0.154	0.170	0.010	0.767	0.057	0.020
流动比率 X_8	0.125	0.015	−0.025	0.030	−0.071	0.666	−0.030	−0.097
资产负债率 X_{11}	−0.050	−0.114	0.132	−0.470	0.073	0.529	−0.057	0.312
企业家信心指数 X_{30}	−0.230	0.028	0.058	−0.016	0.023	−0.045	0.922	0.045
工业企业景气指数 X_{29}	−0.333	0.000	0.066	−0.009	−0.003	−0.072	0.874	0.045
利率变化 X_{26}	0.121	−0.094	0.008	−0.018	−0.043	0.097	0.516	−0.111
利息保障倍数 X_{12}	−0.081	0.049	0.025	0.113	−0.028	0.006	−0.011	0.815
净资产收益率 X_5	−0.035	0.061	0.235	0.464	0.134	−0.035	−0.077	0.660

提取方法：主成分分析法。

旋转方法：具有 Kaiser 标准化的正交旋转法。

4.因变量的测量

本研究的难点在于因变量的选取。以往研究企业风险的文献都是以出现 ST 现象作为企业陷入财务风险的标志,即当上市公司被 ST 时,因变量为 1;对于健康公司,因变量记为 0。而在本研究中,浙江省的上市公司尚未出现被 ST 的情况,研究选取的 57 家上市公司自 2005 年 1 季度以来运行良好,传统的因变量的选取方法在本研究中并不适用。本研究因变量 Y 的确定方法如下:

一是对 25 项财务指标进行因子分析。一些财务指标之间可能存在高度相关关系,这种相关性经常导致信息的重复使用,从而大大降低预警的科学性和合理性。首先,在进行因子分析前,对财务指标进行正向化处理。在多指标综合评价中,有些指标是正向指标,有些指标是逆向指标,有些指标是适度指标,在评价时需将指标正向化。现代财务理论一般认为流动比率、速动比率、资产负债率、利息保障倍数属于适度指标,其适度值分别为 2、1、0.6 和 3。本研究首先对这四项指标用 $X'_{ij} = \max|X_{ij} - k| - |X_{ij} - k|$(其中 k 为适度值)的方法进行正向化处理,对其他逆向指标运用公式 $X'_{ij} = -X_{ij}$ 的方法进行正向化处理(叶宗裕,2003)。其次,进行因子分析并将因子得分保存为变量,并对因子得分进行标准化处理,得到一个 T 值。T 值越大,企业风险越高;T 值越小,企业风险越低。

二是对 T 值进行描述统计分析,将 T 值按照大小划分为 5 个相等组。

三是将 T 值重新转化为不同变量 Y(即因变量),将 T 值最小的一组记为"1",次小的一组记为"2",中间组记为"3",次大的一组记为"4",最大的一组记为"5"。当"$Y=5$"时,表明企业风险程度很高;当"$Y=1$"时,表明企业风险程度很低。运用该方法顺利实现了企业风险程度的划分,并得到了评价企业风险程度的因变量 Y。

5.3 工业企业风险动态预警指标体系的信度和效度检验

工业企业风险动态预警指标体系的指标内容与结构是否合理、良好,结果是否可信、有效,需要进行信度和效度检验。

5.3.1 浙江工业企业风险动态预警指标体系的信度检验

信度(reliability)是指测量(或研究)结果的一致性或稳定性程度,反映被测特征真实程度的指标。一般而言,两次或两个测量的结果愈是一致,则误差愈小,所得的信度愈高。在实际应用中,信度主要有以下五种基本类型:重测信度、复本信度、折半信度、同质性信度和评分者信度。我们采用内部一致性信度方法来检验该评价体系的信度。

内部一致性信度(internal consistent reliability)是根据评价体系内部结构的一致性程度,对测量信度做出评定。内部一致性信度也称同质性信度(homogeneity reliability),是指测验内部的各题目在多大程度上考察了同一内容。内部一致性信度通常用克劳伯克(Cronbach)α系数来表示,α系数的计算公式如下:

$$R_\alpha = \frac{K}{K-1}\left[1 - \frac{\sum S_i^2}{S^2}\right]$$

式中:K为测验工具所包含的题目数量;S_i为第i个测验题目的标准差;S_i^2即为第i个测验题目的方差;S是整个测验的标准差;S^2是整个测验总得分的方差。

内部一致性信度可以用SPSS统计软件来计算。表5.12给出了工业企业风险动态预警指标体系的内部一致性信度(α系数)。

表5.12 工业企业风险动态预警指标体系的内部一致性信度(α系数)

	总体	金融环境	营运能力	现金流量	赢利能力
α	0.617	0.750	0.793	0.788	0.849
		发展能力	短期偿债能力	工业制造业生产指数	长期偿债能力
		0.788	0.723	0.675	0.871

结果表明,除了工业制造业生产指数类评价指标的α系数未达到0.7外,其他7类评价指标的α系数都超过了0.7,说明该预警指标体系内部结构是基本一致的。预警指标体系总体α系数为0.617,这一结果还是比较理想的。

5.3.2 浙江工业企业风险动态预警指标体系的效度检验

效度(validity),即有效性,它是指测量工具或手段能够准确测出所需测量的事物的程度。效度可分为内部效度、外部效度、结构效度、测评效度和统计结论效度等。从统计学上讲,效度是指测量结果与某种外部标准(即效标)之间的相关程度,相关程度越高即表明测量结果越有效。

根据研究目的的不同,效度评定有很多种方法,常用的方法有内容效度、预测效度、构思效度、辨别效度等。

结构效度(construct validity)。结构效度是指测量结果体现出来的某种结构与测值之间的对应程度。结构效度分析所采用的方法是因子分析。因子分析的主要功能是从量表全部变量（题项）中提取一些公因子，各公因子分别与某一群特定变量高度关联，这些公因子即代表了量表的基本结构。通过因子分析可以考察问卷是否能够测量出研究者设计问卷时假设的某种结构。在因子分析的结果中，用于评价结构效度的主要指标有累积贡献率、共同度和因子负荷。累积贡献率反映公因子对量表或问卷的累积有效程度，共同度反映由公因子解释原变量的有效程度，因子负荷反映原变量与某个公因子的相关程度。从上一节因子分析的结果来看，课题组建立的工业企业风险的动态预警指标体系具有良好的结构效度。

课题组进一步采用内容效度（content validity）来评价该评价体系的效度。计算公式为

$$CV = \frac{n_e - \dfrac{n}{2}}{\dfrac{n}{2}}$$

式中：n_e 为评价者中认为某评价指标很好地表示了测量内容范畴的评价者人数；n 为评判者总人数。

本研究在全国选择了 100 位企业界人士、专家学者和政府官员来作判断，确定预警指标体系的 32 个指标与工业企业风险之间关系的密切程度，结果有 86 位评价人员认为 32 个评价指标很好地反映了工业企业风险。通过计算，得出预警指标体系的内容效度 CV 为 0.72，说明建立的工业企业风险动态预警指标体系具有较高的内容效度。

第 6 章　基于 Logit 和 Probit 回归的工业企业风险动态预警研究

本章的研究目标是建立浙江工业企业风险动态预警的多元排序 Logit 和多元排序 Probit 模型,在企业个体层面上,为浙江工业企业风险的动态预警提供具有前瞻性和可操作性的工具。课题组通过第 5 章建立的具有较高信度和效度的浙江工业企业风险动态预警指标体系,从财务层面和宏观经济层面两个维度选取了 33 个预警指标,究竟哪些指标能够进入浙江工业企业风险动态预警的多元排序 Logit 和多元排序 Probit 模型,需要进行进一步的实证研究。

6.1　研究取样与研究数据

6.1.1　研究样本的选择

本研究旨在通过对工业企业的跟踪调查,建立工业企业风险的动态预警模型,因此在选择样本时要充分考虑研究样本的数量、时间跨度长短以及样本的连续性。由于研究对象为浙江省工业企业,考虑到研究数据的可获得性,本研究以浙江省在沪深两市(A 股)上市交易的工业企业作为研究样本。

时间跨度的选择。2005 年,沪深两市(A 股)上市公司总数为 1359 家(CSMAR 国泰安数据库显示的资料)。截至 2013 年 7 月 1 日,沪深两市(A 股)上市公司总数为 2434 家(其中沪市 912 家,深市 1522 家)。

在研究起点方面,考虑到 2007 年美国次贷危机爆发,2008 年金融危机开始席卷全球,而数据存在一定的滞后性,本研究以 2005 年作为此次研究采集样本的起点。因此,本研究时间跨度为 2005 年 1 季度至 2012 年 4 季度,共 8 年 32 个季度。

本研究的研究对象为浙江省工业企业,考虑到研究数据的可获得性,本研究以浙江省在沪深两市上市交易的上市公司作为研究样本。截至 2013 年 7 月 1 日,浙江省在沪深两市(A 股)上市公司总数为 242 家。

样本数量的选择。由于研究的对象为工业企业,因此,对浙江省 242 家上市公司进行了甄选,剔除了商业银行、房地产开发与经营、零售业、计算机软件开发与咨询、影视服务等服务类企业。通过查阅 CSMAR 国泰安数据库,发现可获得财务数据的企业数量如表 6.1 所示。

表 6.1　2005—2012 浙江省上市工业企业数目一览表

年份	企业数目
2005	57
2006	60
2007	77
2008	88
2009	96
2010	112
2011	152
2012	201

资料来源:CSMAR 数据库。

本研究旨在通过对工业企业的跟踪调查,建立工业企业风险的动态预警模型,因此在选择样本时要充分考虑研究样本的数量、时间跨度长短以及样本的连续性。2005 年之前浙江省在沪深两市上市交易的工业企业数目过少,而且 2005 年和 2006 年上市交易的企业数目相差不大,因此,在时间跨度的选择上,以 2005 年作为研究采集样本的起点。本研究采集的 57 个上市公司名称如表 6.2 所示。

表 6.2　研究样本的名称

序号	证券代码	上市公司名称	序号	证券代码	上市公司名称
1	000559	万向钱潮	30	600235	民丰特纸
2	000909	数源科技	31	600261	阳光照明
3	000913	钱江摩托	32	600267	海正药业
4	000925	众合机电	33	600283	钱江水利
5	000967	上风高科	34	600330	天通股份

序号	证券代码	上市公司名称	序号	证券代码	上市公司名称
6	002001	新和成	35	600340	ST 国祥
7	002003	伟星股份	36	600352	浙江龙盛
8	002006	精工科技	37	600366	宁波韵升
9	002010	传化股份	38	600460	士兰微
10	002011	盾安环境	39	600477	杭萧钢构
11	002012	凯恩股份	40	600491	龙元建设
12	002019	鑫富药业	41	600512	腾达建设
13	002020	京新药业	42	600521	华海药业
14	002021	中捷股份	43	600526	菲达环保
15	002032	苏泊尔	44	600537	海通集团
16	002034	美欣达	45	600572	恒生电子
17	002036	宜科科技	46	600580	康恩贝
18	600051	宁波联合	47	600596	卧龙电气
19	600059	古越龙山	48	600633	新安股份
20	600070	浙江富润	49	600668	尖峰集团
21	600114	东睦股份	50	600671	ST 天目
22	600126	杭钢股份	51	600677	航天通信
23	600130	ST 波导	52	600724	宁波富达
24	600152	维科精华	53	600768	宁波富邦
25	600160	巨化股份	54	600776	东方通信
26	600177	雅戈尔	55	600796	钱江生化
27	600216	浙江医药	56	600884	杉杉股份
28	600226	升华拜克	57	600987	航民股份
29	600232	金鹰股份			

6.1.2 研究数据的采集

1. 财务数据的采集

上市公司每年分四期定期报告财务数据,分别是一季度报告、半年度报告、三季度报告和年度报告。在样本选择和第 5 章构建的工业企业风险预警财务指标的基础上,本研究在 CSMAR 国泰安数据库中,选取了上述 57 家公司 2005 年 1 季度到 2012 年 4 季度共 32 个季度的相关财务指标作为解释变量(共 45600 个数据,由于数据太多,此处无法全部列出)。

2.宏观环境数据的采集

第5章建立的工业企业风险动态预警指标体系中宏观环境数据,包括利率变化、汇率变化、存款准备金率、工业企业景气指数、工业企业家信心指数、消费者价格指数、M2货币供给变化和职工平均工资。通过检索 CSMAR 国泰安数据库,并结合国家统计局网站、中国人民银行网站、中国货币网、新华网、浙江省统计信息网和中经专网的相关数据进行核对和修正,采集了 2005 年 1 季度到 2012 年 4 季度的相关指标,如表 6.3 所示。

表 6.3　2005—2012 年浙江省宏观环境数据

年份	季度	利率	汇率	存款准备金率（%）	工业企业景气指数	工业企业家信心指数	居民消费价格指数	M2 货币供给（亿元）	职工平均工资（元）
2005	1	5.58	8.27	7.50	136.1	137.6	102.100	264588.9400	25896
	2	5.58	8.27	7.50	136.1	125	101.500	275785.5300	25896
	3	5.58	8.11	7.50	150.8	132.9	101.200	287438.2700	25896
	4	5.58	8.11	7.50	146.5	134.3	101.300	298755.4800	25896
2006	1	5.58	8.0504	7.50	129	138.7	103.325	310490.6500	27820
	2	5.85	8.0125	7.50	132.6	132.3	102.617	322756.3500	27820
	3	6.12	7.967	8.50	143.3	144.2	102.313	331865.3600	27820
	4	6.12	7.8641	9	155.9	146.7	102.414	345577.9100	27820
2007	1	6.39	7.7611	10.00	148.8	152.8	105.185	364104.6600	31086
	2	6.57	7.676	11.50	154.8	150.1	104.977	377832.1500	31086
	3	7.29	7.5605	12.50	150.8	146.2	105.690	393098.9100	31086
	4	7.47	7.4307	14.50	148.4	145.2	106.716	403401.3000	31086
2008	1	7.47	7.161	15.50	129.5	126.3	113.179	423054.5300	34146
	2	7.47	6.9567	17.50	115.3	127.7	112.745	443141.0200	34146
	3	7.2	6.8399	17.50	107.6	120.3	112.454	452898.7100	34146
	4	5.31	6.8342	15.50	79.8	98.4	112.051	475166.6000	34146
2009	1	5.31	6.836	15.50	94.6	100.3	110.916	530626.7118	37395
	2	5.31	6.8274	15.50	105.2	116.8	110.152	568916.2000	37395
	3	5.31	6.831	15.50	115.9	123.2	109.980	585405.3373	37395
	4	5.31	6.8276	15.50	131.1	132.3	110.371	610224.5231	37395
2010	1	5.31	6.8269	16.50	137.3	134.1	114.021	649947.4643	41505
	2	5.31	6.8234	17.00	137.3	134.1	113.897	673921.7239	41505
	3	5.31	6.7713	17.00	133.8	140.1	113.829	696471.5000	41505
	4	5.81	6.6602	18.50	138.3	141.1	114.565	725851.7900	41505

年份	季度	利率	汇率	存款准备金率（%）	工业企业景气指数	工业企业家信心指数	居民消费价格指数	M2货币供给（亿元）	职工平均工资（元）
2011	1	6.06	6.584	20.00	133.3	140.4	119.950	758130.8800	46660
	2	6.31	6.5019	21.50	135.1	131.4	120.047	780820.8500	46660
	3	6.56	6.4179	21.50	131.1	126.3	120.317	787406.2038	46660
	4	6.56	6.3418	21	116.3	124.7	120.751	851590.9000	46660
2012	1	6.56	6.3083	20.5	114.3	111.3	103.6	895565.5000	50813
	2	6.31	6.3069	20	116.2	110.7	102.9	924991.2000	50813
	3	6	6.3345	20	112.4	109.4	102.4	943688.7761	50813
	4	6	6.3000	20	120.3	117.9	102.2	974148.8000	50813

6.1.3 研究数据的处理

在多指标综合评价中,有些指标是正向指标,有些指标是逆向指标,有些指标是适度指标,在评价时需将指标正向化。本研究的目标是对工业企业风险进行预警,因此需要对财务指标正向化处理。

1.逆向指标的正向化处理

现代财务理论中,营业利润率、总资产净利润率、销售净利率、营业毛利率、净资产收益率、市盈率、资本保值增值率、现金比率、存货周转率、应收账款周转率、流动资产周转率、固定资产周转率、总资产周转率、总资产增长率、营业收入增长率、资本积累率、每股未分配利润、营业收入现金比率、全部资产现金回收率、债务保障率、现金流量比率是评价企业具有良好财务能力的指标。因此,这些指标对企业风险的预警而言是逆向指标,需要对其进行正向化处理。本研究对这些逆向指标运用公式 $X'_{ij} = - X_{ij}$ 的方法进行正向化处理(叶宗裕,2003)。

2.适度指标的正向化处理

现代财务理论一般认为流动比率、速动比率、资产负债率、利息保障倍数属于适度指标,其适度值分别为 2、1、0.6 和 3。流动比率、速动比率、资产负债率、利息保障倍数四项指标越偏离适度值,说明企业的风险越大。学界一般认为可应用 $X'_{ij} = |\max X_{ij} - k| - |X_{ij} - k|$ 或者 $X'_{ij} = -|X_{ij} - k|$(其中 k 为适度值)的方法对这些数据进行正向化处理(叶宗裕,2003),这种计算方法是针对企业具有良好财务能力的正向化。在计算企业风险时,本研究采用 $X'_{ij} = |\max X_{ij} - k| - |X_{ij} - k|$(其中 k 为适度值)的方法对这四项指标的数据进行

正向化处理。

6.2 工业企业风险动态预警的多元排序 Logit 回归模型

6.2.1 多元排序 Logit 回归模型

在计量经济学模型中,被解释变量存在连续变量和离散变量之分。如果被解释变量只存在两种选择,就被称为二元选择模型;如果存在多种选择,则被称为多元选择模型。多元选择模型又可以分为排序多元选择模型和一般多元选择模型,前者针对被解释变量之间存在排序关系,后者的被解释变量之间不存在排序关系。在本研究中,因变量 Y 存在"1,2,3,4,5"之分,而且代表风险程度逐级递增,因此这是一个典型的排序多元选择模型。

排序多元选择模型的一般形式为

$$y^* = X'\beta + \xi (y^* \text{ 是潜变量})$$

$$y = \begin{cases} 0 & \text{if} \quad y^* \leqslant 0 \\ 1 & \text{if} \quad 0 < y^* \leqslant r_1 \\ 2 & \text{if} \quad r_1 < y^* \leqslant r_2 \\ \cdots\cdots \\ J & \text{if} \quad r_{j-1} \leqslant y \end{cases}$$

其中 $r_1 < r_2 < \cdots < r_{j-1}$,为待估参数。

y 取每一个值的概率如下:

$$P(y = 0 \mid x) = P(y^* \leqslant 0 \mid x) = P(\xi < -x'\beta \mid x) = \phi(-x'\beta)$$

$$P(y = 1 \mid x) = \phi(r_1 - x'\beta) - \phi(-x'\beta)$$

$$\cdots\cdots$$

$$P(y = J \mid x) = 1 - \phi(r_{j-1} - x'\beta)$$

6.2.2 模型估计

本研究先参照大多数学者的研究,首先只导入财务因素作为解释变量。在运用 SPSS 做因子分析时发现解释变量之间存在较为严重的多重共线性,因此采用逐步回归(显著性水平为 5%的前向搜寻法)对自变量和因变量进行排序多元 Logit 模型估计。然后,导入宏观经济因素作为解释变量,同样采用逐步回归分析对自变量和因变量进行排序多元 Logit 模型估计,发现两个模型显著不同,说明宏观经济因素对工业企业风险具有预警作用。运用 Stata 12.0 的逐步回归法对因变量和两个维度的自变量进行排序多元 Logit 模型估计,其结果如表 6.4 所示。

表 6.4 排序多元 Logit 回归分析结果

风险	Coef.	Std. Err.	z	$p>\|z\|$	95% Conf.	Interval
X_{23}	23.21637	2.377953	9.76	0.000	18.55567	27.87708
X_2	11.84258	4.975248	2.38	0.017	2.09127	21.59388
X_{20}	1.383401	0.2880261	4.80	0.000	0.8188802	1.947922
X_{13}	0.2619594	0.0446148	5.87	0.000	0.1745161	0.3494028
X_1	8.569023	2.79933	3.06	0.002	3.082437	14.05561
X_{21}	0.7870556	0.1105518	7.12	0.000	0.5703779	1.003733
X_{11}	4.752307	0.7516072	6.32	0.000	3.279184	6.22543
X_{19}	1.069443	0.1623255	6.59	0.000	0.7512909	1.387595
X_{32}	17.28465	1.020892	16.93	0.000	15.28373	19.28556
X_{33}	−52.85379	2.939801	−17.98	0.000	−58.6157	−47.09189
X_{28}	1.602122	0.838498	1.91	0.056	−0.0413043	3.245548
X_{29}	6.89401	1.300973	5.30	0.000	4.34415	9.443871
X_{17}	2.069055	0.4891021	4.23	0.000	1.110432	3.027677
X_9	0.64397	0.2567087	2.51	0.012	0.1408302	1.14711
X_{22}	3.325901	0.6801086	4.89	0.000	1.992912	4.658889
X_4	−2.682371	0.7274029	−3.69	0.000	−4.108054	−1.256687
X_7	1.469908	0.6123647	2.40	0.016	0.2696956	2.670121
X_{26}	5.140931	1.002308	5.13	0.000	3.176444	7.105418
X_{27}	−28.05317	6.006775	−4.67	0.000	−39.82623	−16.2801
X_{10}	1.39861	0.3091065	4.52	0.000	0.7927724	2.004448
X_{15}	0.7190638	0.271807	2.65	0.008	0.1863319	1.251796
X_{30}	−4.669761	1.631342	−2.86	0.004	−7.867133	−1.472388
X_8	0.5517345	0.235904	2.36	0.018	0.0939056	1.009563
X_{14}	0.012154	0.005819	2.09	0.037	0.0007489	0.023559
X_{18}	1.354538	0.6313977	2.15	0.032	0.1170216	2.592055
X_3	7.462439	3.791697	1.97	0.049	0.308505	14.89403
/cut$_1$	−46.77017	6.562922			−59.633226	−33.90708
/cut$_2$	−43.91708	6.548298			−56.75151	−31.08266
/cut$_3$	−42.01998	6.538162			−54.83454	−29.20542
/cut$_4$	−39.71576	6.52636			−52.50719	−26.92433

回归结果中,Prob>chi2 是其对应的 P 值,$P=0.0000$ 说明模型是显著有效的。回归结果中的 Pseudo R^2,虽然不等于 R^2,但是它衡量的是对数似然函数的实际增加值占最大可能增加值的比重,所以也很好地衡量模型的拟合准确度。此 Logit 模型的拟合优度为 0.3941。

研究结果表明,X_{23}、X_2、X_{20}、X_{13}、X_1、X_{21}、X_{11}、X_{19}、X_{32}、X_{33}、X_{28}、X_{29}、X_{17}、X_9、X_{22}、X_4、X_7、X_{26}、X_{27}、X_{10}、X_{15}、X_{30}、X_8、X_{14}、X_{18}、X_3 等 26 个指标显著影响工业企业风险,模型还给出了四个分界点 cut_1、cut_2、cut_3、cut_4。模型中的系数代表解释变量单位变化引起的 y 的估计值 y^* 的边际变化,当 y 的估计值 $y^* \leqslant -46.77017$ 时,$y=1$;当 $-46.77017 < y^* \leqslant -43.91708$ 时,$y=2$;当 $-43.91708 < y^* \leqslant -42.01998$ 时,$y=3$;当 $-42.01998 < y^* \leqslant -39.71576$ 时,$y=4$;当 $y^* > -39.71756$ 时,$y=5$。

本研究进一步运用建立的排序多元 Logit 模型对预测样本进行回判检验,发现建立的模型总体预测效果较好。回判结果如表 6.5 所示。

表 6.5　排序多元 Logit 模型回判结果

有效样本数目	1701	样本总数	1824
		缺失	123
准确预测	983		
预测误差 1 个等级	625		

模型总体预测准确率为 57.79%。如果考虑模型预测误差在一个等级内(即如果实际结果为 3,预测结果为 2 或 4),模型预测准确率为 94.53%,说明建立的模型拟合程度较高。

6.2.3　模型分析

解释变量的系数为正时,表示解释变量越大,被解释变量也越大,风险等级就越高;解释变量的系数为负时,表示解释变量越大,被解释变量越小,风险等级就越低。在预警指标进入模型前,本研究已对预警的财务指标作了正向化处理,然而研究发现正向化处理后的 X_4(营业毛利率)对风险等级评价是负向的,有待进一步的探索。

宏观经济中有 7 个指标 X_{26}、X_{27}、X_{28}、X_{29}、X_{30}、X_{32}、X_{33}(利率变化、汇率变化、存款准备金率、工业企业景气指数、企业家信心指数、M2 货币供给变化和职工平均工资)都进入了模型。其中:X_{27}(汇率变化)、X_{30}(工业企业家信心指数)

和 X_{33}（职工平均工资）对风险等级评价是负向的；X_{26}（利率变化）对工业企业风险的影响系数为正，即利率越高，风险越大，说明采取适当宽松的货币政策有利于工业企业的成长；X_{27}（汇率变化）对工业企业风险的影响系数为负，说明美元兑人民币汇率越高，工业企业的风险等级越低，浙江省工业企业多为出口导向型的企业，采取货币贬值方式能增加企业的出口额，从而降低工业企业的风险；X_{28}（存款准备金率）对工业企业风险的影响系数为正，即存款准备金率越高，工业企业风险越大；X_{30}（工业企业家信心指数）对工业企业风险的影响系数为负，即工业企业家信心指数反向影响工业企业风险，说明随着工业企业家信心指数的提升，工业企业风险随之降低；X_{32}（M2 货币供给变化）对工业企业风险的影响系数为正，说明近几年我国 M2 货币供给量的增加也是导致工业企业风险增加的重要因素；X_{33}（职工平均工资）反向影响工业企业风险，说明更高的劳动报酬能吸引更多高素质的劳动者加入产业工人行列，提高企业的劳动生产率，从而降低工业企业的风险。

6.3　工业企业风险动态预警的多元排序 Probit 回归模型

6.3.1　多元排序 Probit 回归模型

多元排序 Probit 回归模型和多元排序 Logit 模型的基本原理相同，两者的区别在于 $y^* = X'\beta + \xi$ 公式中 ξ 的分布差异。若 ξ 服从正态分布，则该模型是排序 Probit 回归模型；若 ξ 服从逻辑分布，则该模型就是排序 Logit 模型。

6.3.2　模型估计

同样运用逐步回归（显著性水平为 5% 的前向搜寻法）对自变量和因变量进行排序多元 Probit 模型估计，其结果如表 6.6 所示。回归结果 $P = 0.000$ 表明建立的 Probit 模型是显著有效的，模型的拟合优度值为 0.3867。

表 6.6　排序多元 Probit 回归分析结果

风险	Coef.	Std. Err.	z	$p > |z|$	95% Conf.	Interval
X_2	6.290964	2.720595	2.31	0.021	0.9586964	11.62323
X_{23}	12.68878	1.267812	10.01	0.000	10.20391	15.17364
X_{20}	0.7150234	0.1525195	4.69	0.000	0.4160906	1.013956

工业企业风险动态预警及全面管理研究

续表

风险	Coef.	Std. Err.	z	$p > |z|$	95% Conf.	Interval
X_{13}	0.1495822	0.0250032	5.968	0.000	0.1005769	0.1985875
X_1	4.832915	1.563748	3.09	0.002	1.768025	7.897805
X_{21}	0.4122129	0.0597031	6.90	0.000	0.2951969	0.5292288
X_{11}	2.776607	0.4223551	6.57	0.000	1.948806	3.604407
X_{19}	0.4627848	0.0684695	6.76	0.000	0.3285871	0.5969824
X_{28}	0.63094	0.519399	1.21	0.224	-0.3870632	1.648943
X_{31}	2.48516	4.271087	0.58	0.561	-5.886017	10.85634
X_{22}	1.64097	0.3540448	4.63	0.000	0.9470554	2.334885
X_{32}	9.624737	0.5486124	17.54	0.000	8.549476	10.7
X_{33}	-29.99896	1.798285	-16.68	0.000	-33.52354	-26.47439
X_{17}	1.097784	0.2674109	4.11	0.000	0.5736686	1.6219
X_{26}	2.80562	0.5951668	4.71	0.000	1.639114	3.972125
X_9	0.3505199	0.1469358	2.39	0.017	0.62531	0.6385088
X_7	0.7572623	0.2972291	2.55	0.011	0.1747039	1.339821
X_4	-1.352785	0.4141032	-3.27	0.001	-2.164412	-0.5411574
X_{14}	0.0070282	0.0028351	2.48	0.013	0.0014715	0.0125849
X_{10}	0.7254255	0.1727706	4.20	0.000	0.3868014	1.06405
X_8	0.3310846	0.1302817	2.54	0.011	0.0757372	0.586432
X_{18}	0.9557722	0.3307519	2.89	0.004	0.3075104	1.604034
X_{27}	-17.67631	3.665164	-4.82	0.000	-24.8599	-10.49272
X_{29}	3.927921	0.7844938	5.01	0.000	2.390341	5.4655
X_{30}	-2.785839	0.9462963	-2.94	0.003	-4.640546	-0.9311327
X_{15}	0.3892868	0.1527415	2.55	0.011	0.0899191	0.6886546
X_3	4.239582	2.100241	2.02	0.044	0.1231855	8.355978
/cut$_1$	-26.08216	4.310093			-34.52979	-17.63453
/cut$_2$	-24.54066	4.304973			-32.97825	-16.10307
/cut$_3$	-23.46451	4.301597			-31.89549	-15.03354
/cut$_4$	-22.17339	4.297435			-30.5962	-13.75057

同样进一步运用建立的排序多元 Probit 模型对预测样本进行回判检验,发现建立的模型总体预测效果比较好,回判结果如表 6.7 所示。

表 6.7　排序多元 Probit 模型回判结果

有效样本数目	1701	样本总数	1824
		缺失	123
准确预测	985		
预测误差 1 个等级	624		

模型总体预测准确率为 57.70%。如果考虑模型预测误差在一个等级内（即如果实际结果为 3，预测结果为 2 或 4），模型预测准确率为 94.59%，说明建立的模型拟合程度较高。

6.3.3　模型分析

研究结果表明，X_2、X_{23}、X_{20}、X_{13}、X_1、X_{21}、X_{11}、X_{19}、X_{28}、X_{31}、X_{22}、X_{32}、X_{33}、X_{17}、X_{26}、X_9、X_7、X_4、X_{14}、X_{10}、X_8、X_{18}、X_{27}、X_{29}、X_{30}、X_{15}、X_3 等 27 个指标显著影响工业企业风险，模型还给出了四个分界点 cut_1、cut_2、cut_3、cut_4。

Probit 模型比 Logit 模型增加了 X_{31}（居民消费价格指数）这一宏观环境指标，而且 X_{28} 所对应的 Z 值是不显著的（$P=0.224$）。

从以上各表看出，Probit 模型的准 R^2 以及正确预测比率与 Logit 模型几乎完全相同，故可视为基本等价（两者的估计系数稍有差距，但由于假设不同，因此估计系数没有可比性）。

6.4　本章小结

本章的实证研究结果表明：

（1）模型预测准确率。本章建立的浙江工业企业风险动态预警的多元排序 Logit 模型和多元排序 Probit 模型具有较高的预测准确率，模型总体预测准确率接近 60%，如果考虑模型预测误差在一个等级内，模型预测准确率约为 95%。这两个模型基本等价，正确预测的比率几乎完全相同。

（2）预警指标。建立的两个模型所选取的预警指标具有高度的一致性，26 个指标进入了排序多元 Logit 模型，27 个指标进入了排序多元 Probit 模型。

第 5 章选取的 8 个宏观经济指标 X_{26}、X_{27}、X_{28}、X_{29}、X_{30}、X_{31}、X_{32}、X_{33}（利率变化、汇率变化、存款准备金率、工工业企业景气指数、工业企业家信心指数、居民消费价格指数、M_2 货币供给变化和职工平均工资）能够对工业企业风险进行有效的动态预警。在多元排序 Logit 模型中，8 个宏观经济指标有 7 个指标（X_{26}、X_{27}、X_{28}、X_{29}、X_{30}、X_{32}、X_{33}）进入了模型，并且都通过了显著性检验；在多元排序 Probit 模型中，8 个宏观经济指标全部进入了模型，只有 X_{28} 没能通过显著性检验。这些都说明，课题组选取的浙江工业企业风险动态预警指标是有效的，在此基础上建立的模型的拟合度是非常高的。

第7章 工业企业风险的动态预警指数研究

本章的研究目标在于建立浙江省工业企业风险的动态预警指数,在企业总体(所有产业领域的工业企业)或企业群体(某个产业领域的工业企业)层面上,为浙江工业企业的风险动态预警提供具有前瞻性和可操作性的工具。

7.1 工业企业动态预警指数的测度指标体系构建

在第5章中,课题组建构了浙江省工业企业风险的动态预警指标体系,共有33个预警指标,其中包括25个财务指标和8个宏观经济指标。第6章的实证研究结果表明,共有26个指标进入浙江省工业企业风险动态预警多元排序Logit模型,其中包括7个宏观经济指标和19个财务指标;共有27个指标进入浙江省工业企业风险动态预警多元排序Probit模型,其中包括8个宏观经济指标和19个财务指标;而且19个财务指标和7个宏观经济指标是高度一致的。由此可见,进入模型的这些指标具有强代表性和强预警性。

根据全面性、综合性、可操作性和方便性的四项基本原则,在第5章和第6章研究成果的基础上,课题组建立浙江工业企业风险的动态预警指数的测度指标体系(包括目标层、领域层和指标层三个层面共27个指标),如表7.1所示。

工业企业风险动态预警及全面管理研究

表 7.1　浙江工业企业风险动态预警指数的测度指标体系

目标层	维度层	领域层	指标层	标识
工业企业风险动态预警的理论指标体系	财务指标	盈利能力	营业利润率	X_1
			总资产净利润率（ROA）B	X_2
			销售净利率	X_3
			营业毛利率	X_4
			资本保值增值率 A	X_7
		偿债能力	流动比率	X_8
			速动比率	X_9
			现金比率	X_{10}
			资产负债率	X_{11}
		资产管理能力	存货周转率 B	X_{13}
			应收账款周转率 B	X_{14}
			流动资产周转率 B	X_{15}
			总资产周转率 B	X_{17}
		成长能力	总资产增长率 A	X_{18}
			营业收入增长率 B	X_{19}
			资本积累率 B	X_{20}
			每股未分配利润	X_{21}
			营业收入现金比率	X_{22}
			全部资产现金回收率	X_{23}
	宏观经济指标	利率	利率变化	X_{26}
		汇率	汇率变化	X_{27}
		融资难度	存款准备金率	X_{28}
		工业制造业生产指数	工业企业景气指数	X_{29}
			工业企业家信心指数	X_{30}
		消费者价格指数	消费者价格指数	X_{31}
		M2 货币供给	M2 货币供给变化	X_{32}
		劳动力成本	职工平均工资	X_{33}

7.2　工业企业风险动态预警指数的测度指标数据采集

　　工业企业风险动态预警指数的测度指标数据的采集方法与第 6 章工业企业风险动态预警模型的采集方法相同，这里不再赘述。

7.3 工业企业风险动态预警指数的测度指标数据无量纲化处理

7.3.1 无量纲化处理的方法

由于工业企业风险的动态预警指数的测度指标体系中各项指标数据的量纲不同,为了消除因量纲不同的指标数据对测度结果的影响,一般在完成数据的采集工作后,还需要对原始数据进行无量纲化处理。本研究采用效用值法来消除不同量纲的影响。为了方便起见,我们规定效用值的区域范围为[0,100],即测度指标最大的效用值为100,最小的效用值为0。在进行无量纲处理时,应把"正效用指标"和"负效用指标"区别对待,它们的无量纲数据处理计算公式如下:

$$Y_{ij} = \frac{V_{ij} - V_{i\min}}{V_{i\max} - V_{i\min}} \times 100 \text{（当 } V_{ij} \text{ 为正效用指标时,指标值越大,其效用值越高）}$$

$$Y_{ij} = \frac{V_{i\max} - V_{ij}}{V_{i\max} - V_{i\min}} \times 100 \text{（当 } V_{ij} \text{ 为负效用指标时;指标值越小,其效用值越高）}$$

式中:V_{ij}——表示第 i 个测度指标第 j 家样本企业的原始数据;

$V_{i\max}$——表示样本企业第 i 个测度指标原始数据的最大值;

$V_{i\min}$——表示样本企业第 i 个测度指标原始数据的最小值;

Y_{ij}——表示第 i 个测度指标第 j 个样本企业的指标效用值。

7.3.2 财务指标的无量纲化处理结果

由于涉及57家工业企业2005年1季度至2012年4季度共32个季度的19个财务指标,数据处理的量非常大,这里不便全部列出,仅以营业利润率(X_1)2005年1季度的数据处理为例。

在现代财务理论中,营业利润率(X_1)是评价企业具有良好财务能力的指标,因此是负效用指标,营业利润率越低,其效用值越高,代表企业风险越大,因此应该运用公式 $Y_{ij} = \dfrac{V_{i\max} - V_{ij}}{V_{i\max} - V_{i\min}} \times 100$ 对其进行无量纲化处理。

将浙江省57家上市工业企业2005年1季度至2012年4季度的19个财务指标输入SPSS统计软件,对其进行描述统计,得到每一个指标的最大值、最小值、均值以及标准差,如表7.2所示。

表 7.2　57 家企业 2005 年 1 季度至 2012 年 4 季度 19 个财务指标的描述统计

	N	极小值	极大值	均值	标准差
营业利润率 X_1	1824	-2.252815	1.161457	0.06735843	0.121222589
总资产净利润率 X_2	1822	-1.680610	1.756415	0.02791802	0.074897244
销售净利率 X_3	1824	-5.723684	2.938761	0.05832776	0.177099235
营业毛利率 X_4	1824	-0.070876	0.683131	0.21975645	0.119910740
资本保值增值率 X_7	1816	-0.692827	14.519157	1.06099921	0.437765727
流动比率 X_8	1823	0.454606	8.703198	1.47201034	0.803941803
速动比率 X_9	1823	0.171573	7.537110	1.01618039	0.718904773
现金比率 X_{10}	1822	-0.241815	4.585574	0.41369794	0.455408432
资产负债率 X_{11}	1823	0.093994	2.555378	0.50514927	0.197681636
存货周转率 X_{13}	1822	0.007794	36.192517	2.92819054	3.171205226
应收账款周转率 X_{14}	1822	0.035097	423.110556	7.62774223	18.670862147
流动资产周转率 X_{15}	1822	0.006944	6.183585	0.93302345	0.709364013
总资产周转率 X_{17}	1822	0.006665	4.163845	0.50278378	0.387410523
总资产增长率 X_{18}	1822	-0.977353	63.813918	0.09540428	1.509969019
营业收入增长率 X_{19}	1807	-0.834543	33.935692	0.27889694	1.471375445
资本积累率 X_{20}	1797	-1.692827	14.759193	0.20025411	0.875776371
每股未分配利润 X_{21}	1823	-7.097667	8.109995	0.86054966	1.173771794
营业收入现金比率 X_{22}	1823	-5.535752	1.245065	0.02941572	0.276307879
全部资产现金回收率 X_{23}	1823	-0.400856	0.423061	0.02154910	0.063923466

　　以营业利润率 2005 年 1 季度数据为例,对其进行无量纲化处理前和处理后的数据对比如表 7.3 所示。

表 7.3　57 家企业 2005 年 1 季度营业利润率无量纲化处理前后数据对比表

证券代码	季度	X_1	
		处理前	处理后
000559	2005q1	0.087661	0.314502
000909	2005q1	0.017862	0.334945
000913	2005q1	0.052553	0.324785
000925	2005q1	0.072154	0.319044
000967	2005q1	-0.126408	0.377200
002001	2005q1	0.054799	0.324127

证券代码	季度	X_1	
		处理前	处理后
002003	2005q1	0.076629	0.317733
002006	2005q1	0.088647	0.314213
002010	2005q1	0.08526	0.315205
002011	2005q1	0.072128	0.319052
002012	2005q1	0.24477	0.268487
002019	2005q1	0.184423	0.286162
002020	2005q1	0.054511	0.324211
002021	2005q1	0.112782	0.307145
002032	2005q1	0.062925	0.321747
002034	2005q1	0.034487	0.330076
002036	2005q1	0.091919	0.313255
600051	2005q1	0.031979	0.330811
600059	2005q1	0.125106	0.303535
600070	2005q1	0.072423	0.318965
600114	2005q1	0.081153	0.316408
600126	2005q1	0.059493	0.322752
600130	2005q1	0.010448	0.337117
600152	2005q1	0.045728	0.326784
600160	2005q1	0.068785	0.320031
600177	2005q1	0.229862	0.272853
600216	2005q1	0.023979	0.333154
600226	2005q1	0.080829	0.316503
600232	2005q1	0.124593	0.303685
600235	2005q1	0.063362	0.321619
600261	2005q1	0.130985	0.301813
600267	2005q1	0.100086	0.310863
600283	2005q1	0.088785	0.314173
600330	2005q1	0.105178	0.309372
600340	2005q1	−0.173432	0.390973
600352	2005q1	0.111969	0.307383
600366	2005q1	0.051865	0.324986
600460	2005q1	0.028892	0.331715
600477	2005q1	0.04373	0.327369
600491	2005q1	0.033819	0.330272
600512	2005q1	0.075991	0.317920

续表

证券代码	季度	X_1	
		处理前	处理后
600521	2005q1	0.452682	0.207592
600526	2005q1	0.043083	0.327559
600537	2005q1	0.078431	0.317206
600572	2005q1	0.08206	0.316143
600580	2005q1	0.087501	0.314549
600596	2005q1	0.140102	0.299143
600633	2005q1	-0.035409	0.350548
600668	2005q1	-0.108783	0.372038
600671	2005q1	0.045814	0.326759
600677	2005q1	-0.011952	0.343678
600724	2005q1	0.026184	0.332508
600768	2005q1	0.04093	0.328189
600776	2005q1	0.011375	0.336845
600796	2005q1	0.12076	0.304808
600884	2005q1	0.104551	0.309555
600987	2005q1	0.049958	0.325545

运用相同的方法,对其他指标进行无量纲化处理,此处不再赘述。

7.3.3　宏观经济指标的无量纲化处理结果

将2005年1季度至2012年4季度共32个季度的宏观经济指标数据(以2005年1季度为基数的相对值)输入 SPSS 统计软件,得到宏观经济指标的最大值、最小值、均值和标准差,如表7.4所示。

表7.4　宏观经济指标的描述统计表

	N	极小值	极大值	均值	标准差
利率变化 X_{26}	1824	0.951613	1.338710	1.08926971	0.127874423
汇率变化 X_{27}	1824	0.761790	1.000000	0.86294589	0.081109460
存款准备金率 X_{28}	1824	1.000000	2.866667	1.96875000	0.653632667
工业企业景气指数 X_{29}	1824	0.586334	1.145481	0.95010562	0.131477881
工业企业家信心指数 X_{30}	1824	0.715116	1.110465	0.94313227	0.101190589
消费者价格指数 X_{31}	1824	0.991185	1.182664	1.06503734	0.062398414
M2 货币供给变化 X_{32}	1824	1.000000	3.681745	2.09377462	0.848275522
职工平均工资 X_{33}	1824	1.000000	1.962195	1.42551456	0.326844483
有效的 N(列表状态)	1824				

第 6 章建立的浙江省工业企业风险动态预警的排序多元 Logit 模型和排序多元 Probit 模型表明，X_{27}（汇率变化）、X_{30}（工业企业家信心指数）和 X_{33}（职工平均工资）对风险等级评价是负向的，因此对工业企业风险预警而言，这三个指标是负效用指标，其他 5 个宏观经济指标是正效用指标，分别采用不同的公式进行无量纲化处理，得到 8 个宏观经济指标的无量纲化处理结果，如表 7.5 所示。

表 7.5　经无量纲化处理后的宏观经济指标数据表

年份	季度	利率	汇率	存款准备金率	工业企业景气指数	企业家信心指数	居民消费价格指数	M2货币供给	职工平均工资
2005	1	12.50	0.00	0.00	73.98	27.94	4.60	0.00	100.00
	2	12.50	0.00	0.00	73.98	51.10	1.53	1.58	100.00
	3	12.50	8.12	0.00	93.30	36.58	0.00	3.22	100.00
	4	12.50	8.12	0.00	87.65	34.01	0.51	4.82	100.00
2006	1	12.50	11.17	0.00	64.65	25.92	10.90	6.47	92.28
	2	25.00	13.20	0.00	69.38	37.68	7.26	8.20	92.28
	3	37.50	15.23	7.14	83.44	15.81	5.68	9.48	92.28
	4	37.50	20.81	10.71	100.00	11.21	6.19	11.41	92.28
2007	1	50.00	25.89	17.86	90.67	0.00	20.41	14.02	79.17
	2	58.33	29.95	28.57	98.55	4.96	19.34	15.96	79.17
	3	91.67	36.04	35.71	93.43	12.13	22.97	18.11	79.17
	4	100.00	42.64	50.00	90.14	13.97	28.24	19.56	79.17
2008	1	100.00	56.35	57.14	65.31	48.71	61.28	22.33	66.89
	2	100.00	66.50	71.43	46.65	46.14	59.08	25.16	66.89
	3	87.50	72.59	71.43	36.53	59.74	57.54	26.54	66.89
	4	0.00	73.10	57.14	0.00	100.00	55.50	29.68	66.89
2009	1	0.00	72.59	57.14	19.45	96.51	49.72	37.49	53.85
	2	0.00	73.10	57.14	33.38	66.18	45.78	42.89	53.85
	3	0.00	73.10	57.14	47.44	54.41	44.91	45.21	53.85
	4	0.00	73.10	57.14	67.41	37.68	46.91	48.71	53.85
2010	1	0.00	73.10	64.29	75.56	34.37	65.58	54.31	37.36
	2	0.00	73.60	67.86	75.56	34.37	64.96	57.69	37.36
	3	0.00	76.14	67.86	70.96	23.35	64.60	60.87	37.36
	4	23.15	81.73	78.57	76.87	21.51	68.39	65.01	37.36
2011	1	34.72	85.79	89.29	70.30	22.79	95.91	69.56	16.67
	2	46.30	89.85	100.00	72.67	39.34	96.42	72.75	16.67
	3	57.87	93.91	100.00	67.41	48.71	97.80	73.68	16.67
	4	57.87	97.97	96.43	47.96	51.65	100.00	82.73	16.67

续表

年份	季度	利率	汇率	存款准备金率	工业企业景气指数	企业家信心指数	居民消费价格指数	M2货币供给	职工平均工资
2012	1	57.87	99.49	92.86	45.34	76.29	12.28	88.93	0.00
	2	46.30	99.49	89.29	47.83	77.39	8.70	93.07	0.00
	3	31.94	98.48	89.29	42.84	79.78	6.14	95.71	0.00
	4	31.94	100.00	89.29	53.22	64.15	5.12	100.0	0.00

7.4 工业企业风险动态预警指数的测度模型构建

采用因子分析法,确定浙江工业企业风险的动态预警指数的测度指标体系中的各个测度指标的权重系数,并以2005年度(或2005年1季度)为基期,构建浙江工业企业风险的动态预警指数的测度模型。运用该测度模型,在企业总体(所有产业领域的工业企业)或企业群体(某个产业领域的工业企业)层面上,测算得到某一年度的浙江工业企业风险动态预警指数。

7.4.1 各预警指数权重系数的确定

将无量纲化处理后的数据输入SPSS统计软件,进行因子分析,得到7个主因子及其权重系数,如表7.6和表7.7所示。

表7.6 8个主因子解释的总方差

成分	初始特征值			提取平方和载入			旋转平方和载入		
	合计	方差的/%	累积/%	合计	方差的/%	累积/%	合计	方差的/%	累积/%
1	4.914	18.200	18.200	4.914	18.200	18.200	4.417	16.360	16.360
2	3.721	13.781	31.981	3.721	13.781	31.981	3.106	11.503	27.863
3	3.088	11.437	43.418	3.088	11.437	43.418	2.984	11.053	38.916
4	2.651	9.820	53.239	2.651	9.820	53.239	2.769	10.256	49.172
5	2.077	7.693	60.932	2.077	7.693	60.932	1.959	7.256	56.428
6	1.573	5.827	66.758	1.573	5.827	66.758	1.917	7.100	63.527
7	1.419	5.255	72.013	1.419	5.255	72.013	1.834	6.791	70.319
8	1.185	4.389	76.402	1.185	4.389	76.402	1.643	6.083	76.402
9	.932	3.452	79.855						

提取方法:主成分分析法。

旋转法:具有Kaiser标准化的正交旋转法。

表 7.7　8 个主因子的权系数矩阵

	因　子							
	1	2	3	4	5	6	7	8
存款准备金率 X_{28}	0.985	−0.068	0.007	0.013	−0.094	0.051	−0.043	0.013
汇率变化 X_{27}	−0.959	0.044	−0.008	−0.005	0.238	−0.026	0.008	−0.021
职工平均工资 X_{33}	0.931	−0.064	0.030	0.013	−0.173	−0.054	0.087	0.104
M2 货币供给变化 X_{32}	0.907	−0.045	0.030	0.008	−0.190	−0.087	0.122	0.107
消费者价格指数 X_{31}	0.708	0.052	−0.018	−0.022	0.153	0.027	−0.132	−0.147
流动资产周转率 X_{15}	−0.065	0.927	0.030	0.003	0.039	0.020	0.031	0.166
总资产周转率 X_{17}	0.010	0.927	0.032	0.028	−0.007	0.056	−0.022	0.058
存货周转率 X_{13}	−0.049	0.887	−0.019	0.004	0.085	0.018	−0.145	−0.002
应收账款周转率 X_{14}	−0.045	0.539	0.015	0.022	−0.212	−0.174	0.285	0.061
销售净利率 X_3	0.007	−0.015	0.935	0.035	0.024	−0.007	0.062	−0.063
总资产净利润率 X_2	0.048	0.189	0.881	0.071	0.019	0.018	−0.031	0.084
营业利润率 X_1	0.028	−0.089	0.870	0.094	−0.008	−0.073	−0.107	0.108
每股未分配利润 X_{21}	−0.072	0.032	0.451	0.124	−0.045	−0.362	0.151	0.198
营业毛利率 X_4	0.003	−0.360	0.445	0.122	−0.148	0.013	−0.321	0.286
总资产增长率 X_{18}	−0.001	0.000	−0.037	0.841	0.014	−0.023	0.014	0.021
营业收入增长率 X_{19}	0.033	−0.013	0.014	0.835	0.009	0.021	0.028	−0.040
资本保值增值率 X_7	0.007	0.078	0.143	0.833	0.013	−0.031	0.048	
资本积累率 X_{20}	−0.027	−0.030	0.152	0.785	−0.032	0.018	−0.040	−0.032
工业企业家信心指数 X_{30}	−0.348	0.089	−0.020	−0.014	0.865	−0.062	0.082	−0.030
工业企业景气指数 X_{29}	−0.385	0.033	−0.003	−0.013	0.821	−0.117	0.175	0.047
利率变化 X_{26}	0.201	−0.221	0.005	0.062	0.544	0.341	−0.246	−0.022
流动比率 X_8	−0.029	0.014	0.022	0.044	−0.028	0.822	0.023	−0.014
速动比率 X_9	−0.052	0.013	−0.128	0.001	−0.010	0.796	0.511	0.033
资产负债率 X_{11}	0.030	0.014	0.078	−0.014	0.081	0.079	0.864	−0.101
现金比率 X_{10}	0.004	0.040	0.223	0.000	−0.009	−0.529	−0.653	0.029
营业收入现金比率 X_{22}	0.054	0.033	0.015	−0.023	0.007	−0.025	−0.020	0.844
全部资产现金回收率 X_{23}	0.006	0.224	0.227	−0.001	−0.002	−0.014	−0.104	0.829

通过公式 $\beta_{1j} = A_{11}F_1 + A_{21}F_2 + A_{31}F_3 + A_{41}F_4 + A_{51}F_5 + A_{61}F_6 + A_{71}F_7 + A_{81}F_8$（$A_{11}$ 表示第 1 个主因子对第 1 个评价指标的权系数，取其绝对值计算；F_1 为第一个主因子的方差贡献率），计算出预警指标 X_1 的权系数。然后再运用公式 $W_j = \dfrac{\beta_j}{\sum \beta_j}$，求得各预警指标的权重。如表 7.8 所示。

表 7.8　各预警指标的权系数和权重

预警指标		权系数 β_j	权重 W_j
营业利润率	X_1	0.04851085	0.038837
总资产净利润率（ROA）B	X_2	0.05710491	0.045717
销售净利率	X_3	0.06854491	0.054875
营业毛利率	X_4	0.04865637	0.038953
资本保值增值率 A	X_7	0.04023472	0.032211
流动比率	X_8	0.04906819	0.039283
速动比率	X_9	0.04995974	0.039997
现金比率	X_{10}	0.04546474	0.036398
资产负债率	X_{11}	0.04640699	0.037152
存货周转率 B	X_{13}	0.04911219	0.039318
应收账款周转率 B	X_{14}	0.03505671	0.028066
流动资产周转率 B	X_{15}	0.0424529	0.033987
总资产周转率 B	X_{17}	0.04123169	0.033009
总资产增长率 A	X_{18}	0.0485168	0.038841
营业收入增长率 B	X_{19}	0.04196385	0.033595
资本积累率 B	X_{20}	0.03660085	0.029302
每股未分配利润	X_{21}	0.04851085	0.024414
营业收入现金比率	X_{22}	0.05710491	0.044141
全部资产现金回收率	X_{23}	0.06854491	0.031684
利率变化	X_{26}	0.04515466	0.03615
汇率变化	X_{27}	0.04310854	0.034512
存款准备金率	X_{28}	0.04710506	0.037711
工业企业景气指数	X_{29}	0.04282206	0.034282
工业企业家信心指数	X_{30}	0.05059702	0.040507
消费者价格指数	X_{31}	0.04664218	0.037341
M2 货币供给变化	X_{32}	0.04822046	0.038604
职工平均工资	X_{33}	0.05135532	0.041114

7.4.2　季度风险指数

1.季度风险指数

通过前面的因子分析,我们可以求得每一家企业在每一个季度的综合得分,其计算公式为

$$F=\frac{16.360}{76.402}\times FAC1\_1+\frac{11.503}{76.402}\times FAC2\_1+\frac{11.053}{76.402}\times FAC3\_1+$$

$$\frac{10.256}{76.402}\times FAC4\_1+\frac{7.256}{76.402}\times FAC5\_1+\frac{7.100}{76.402}\times FAC6\_1+$$

$$\frac{6.791}{76.402}\times FAC7\_1+\frac{6.083}{76.402}\times FAC8\_1$$

将综合得分 F 进行标准化处理后,按季度求均值,可得数据如表 7.9 所示。

表 7.9　各季度风险综合得分均值

年份	1 季度	2 季度	3 季度	4 季度
2005	26.22462	25.44684	27.28888	25.57436
2006	26.48206	26.33055	27.33904	27.71978
2007	27.95854	29.48956	29.33602	28.88351
2008	28.91527	28.0146	28.53142	26.39622
2009	27.10052	27.21343	28.99974	28.67881
2010	28.51161	29.84654	29.75486	30.91286
2011	31.8334	31.15007	29.82527	31.5788
2012	30.1306	30.38641	29.21639	29.49515

以 2005 年第 1 季度为基期,即把 2005 年 1 季度的风险指数定为 100,将其他各季度的风险均值与之进行对比,可得各季度风险指数,如表 7.10 所示。

表 7.10　各季度风险指数

年份	1 季度	2 季度	3 季度	4 季度
2005	100	97.03416	104.0582	97.52042
2006	100.9817	100.4039	104.2495	105.7014
2007	106.6118	112.4499	111.8644	110.1389
2008	110.26	106.8256	108.7963	100.6543
2009	103.34	103.7705	110.5821	109.3583
2010	108.7208	113.8111	113.4615	117.8772
2011	121.3875	118.7818	113.73	120.4166
2012	115.8698	111.4082	112.4712	115.8698

指数图的表现形式更为直观,如图 7.1 所示。

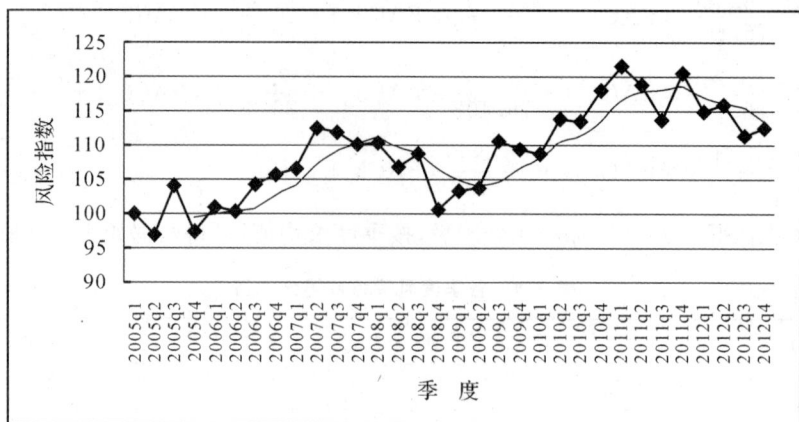

图 7.1　2005—2012 年浙江省工业企业季度风险指数图

2.结果分析

从图 7.1 可以发现,细线是周期为 4 个季度的移动平均趋势线,可以看出 2005 年至 2012 年,浙江省工业企业的风险呈逐步上升之势,期间又可以划分为 4 个阶段。

2005 年 1 季度至 2006 年 4 季度为第一阶段,这一阶段的明显特征是浙江省工业企业季度风险指数在 92 至 105 之间,维持在较低水平,是浙江省工业企业稳步发展的阶段。

2007 年 1 季度至 2008 年 3 季度为第二阶段,浙江省工业企业的风险指数逐步上升,2007 年 2 季度至 2008 年 1 季度,风险指数维持在 110 以上,说明 2007 年开始受美国次贷危机的影响,浙江省工业企业的风险指数急遽上升。

2008 年 4 季度至 2009 年 2 季度为第三阶段。2008 年 4 季度,工业企业风险指数从 3 季度的 108.7963 迅速下降为 100.6543,2009 年前 2 个季度的工业企业风险指数也维持在较低水平。风险指数迅速下降的主要原因是 2008 年,央行新增人民币贷款超过 4 万亿元,并采取了"灵活调整基准利率、存款准备金率等货币政策工具"的政策,刺激了工业企业的增长。受国内宏观调控政策的影响,浙江工业经济有复苏迹象。

2009 年 3 季度至 2012 年 4 季度为第四阶段。这一阶段的显著特征是风险居于高位不下,说明宏观调控政策效应逐渐消失,受国际金融危机影响,工业企业的风险与日俱增。2010 年、2011 年和 2012 年,工业企业风险指数居高不下,还未能摆脱经营危机。从移动平均曲线上看,2012 年的风险指数略低于 2011

年的风险指数,说明我国工业经济有好转的迹象。

7.4.3 年度风险指数

1.年度风险指数

如果以年度作为计量单位,按年度计算 F 值的均值,可得浙江省工业企业风险的综合得分的均值数据如表7.11所示。

表7.11　浙江省工业企业年度风险综合得分均值

年份	风险得分均值
2005	26.13368
2006	26.96786
2007	28.91691
2008	27.96438
2009	27.99813
2010	29.75647
2011	31.09689
2012	29.80714

以2005年为基期,把2005年的风险指数定为100,将其他年度的风险均值与之进行对比,可得浙江省工业企业各年度风险指数,如表7.12所示。

表7.12　浙江工业企业2005—2012年各年度风险指数

年份	风险指数
2005	100
2006	103.192
2007	110.65
2008	107.0051
2009	107.1343
2010	113.8625
2011	118.9916
2012	114.0564

指数图的表现形式更为直观,如图7.2所示。

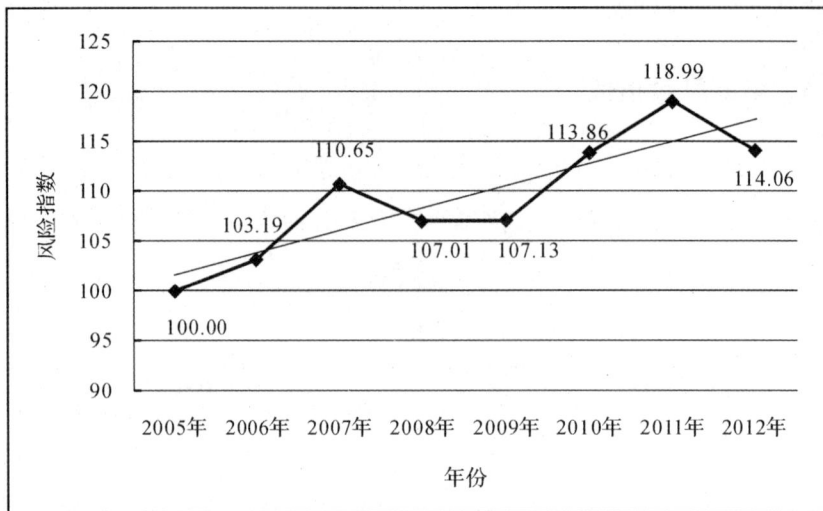

图 7.2 2005—2012 年浙江省工业企业年度风险指数图

2. 结果分析

由图 7.2 可以发现,工业企业风险指数呈每年逐步上升之势,2005 年至 2012 年工业企业年度风险指数图也印证了前面工业企业季度风险指数图,两者的研究结果具有高度的一致性。从工业企业年度风险指数的整体走向趋势上看,也可以将 2005 年至 2012 年的工业发展分为 4 个阶段。

2005 年至 2006 年为第一阶段。2005 年风险指数最低,2006 年也维持在较低水平,风险指数仅为 103.19,是我国工业经济平稳增长的阶段。

2007 年是第二阶段。受国际金融危机的影响,工业企业风险指数从 2006 年的 103.19 急遽上升到 2007 年的 110.65。

2008 年至 2009 年是第三个阶段。风险居于高位而不下,2008 年的风险指数为 107.01,2009 年的风险指数为 107.13,比 2007 年略有下降,说明受国内宏观经济调控政策的影响,工业经济短暂复苏。

2010 年至 2012 年为第四阶段。2010 年风险指数为 113.86,2011 年风险指数为 118.99,2012 年风险指数为 114.06,风险指数走势较为平稳,但居于高位而不下,说明浙江省工业企业面临严峻的风险,而且有逐步上升之势。

第8章 工业企业风险的全面管理研究

本书第 4 章分析了工业企业风险的危害,指出它会严重影响社会稳定、金融生态和经济发展;探讨了政府介入工业企业风险应对的必要性;总结了地方政府在应对风险的过程中采取的一些策略措施,这些都说明政府在工业企业风险应对方面应当有所作为。本书第 6 章通过工业企业风险动态预警的多元排序 Logit 模型和 Probit 模型的构建,实证研究结果表明 8 个宏观经济指标 X_{26}、X_{27}、X_{28}、X_{29}、X_{30}、X_{31}、X_{32}、X_{33}(利率变化、汇率变化、存款准备金率、工业企业景气指数、工业企业家信心指数、居民消费价格指数、M_2 货币供给变化和职工平均工资)都进入了两个预警模型,说明这些指标能够对工业企业风险进行有效的动态预警。

上述研究的结果均表明政府应该而且可以在控制工业企业风险方面有所作为。另一方面,由于受到人才、技术、资金和信息的制约,仅仅依靠工业企业自身的力量难以从根本上提高风险防范和应对的能力,因此,政府应该在这方面有所作为,应当加强工业企业风险的政府监管。

本章将结合上述各章的研究结论,拟对出台工业企业风险管理指引、建设工业企业风险管理网络信息系统、实施工业企业风险管理培训、实行工业企业危机保险、推行工业企业有限合伙制等问题进行深入、系统的研究。

8.1 出台工业企业全面风险管理指引

目前,我国已经有两部企业全面风险管理方面的指引手册,分别是 2006 年国资委颁布的《中央企业全面风险管理指引》和 2007 年全国工商联颁布的《全国工商联民营企业风险管理指引手册》,相关内容本书已经在第 3 章做过详细的介绍,也指出了其存在的不足。因此,有必要在本书实证研究的基础上,结合 COSO（The Committee of Sponsoring Organizations of The National Commission of Fraudulent Financial Reporting,美国虚假财务报告全国委员会的发起组织委员会)的全面风险管理——整合框架的系统分析,探讨浙江省工业企业的风险管理原则、风险管理信息采集、风险识别与评估、风险管理策略的制定、风险管理解决方案、风险管理的监督与改进以及风险管理信息发布等问题,进而研究制定《浙江省工业企业全面风险管理指引》,以有效地引导工业企业科学地开展全面风险管理,科学地应对和处理风险问题。

8.1.1 工业企业风险管理的原则

1. 整体性原则

对于工业企业的经营管理来说,任何一个小的失误都有可能导致企业经营管理全局的失败。因此,工业企业的管理人员,特别是风险管理人员,应当系统而全面地看待企业面临的各种风险,包括宏观经济风险、财务风险、运营风险和企业战略风险等,并综合权衡企业的内部经营状况和外界环境的变化,企业的风险承受能力和预期的回报水平,对目前及将来一定时期内的风险状况进行预测和判断,从而制定通观全局的风险管理的策略。

2. 全员参与原则

风险无处不在,无时不有。企业风险所带来的损失不是局部的,风险往往会影响企业的整体经营战略,进而影响企业所有成员的利益;同时,企业生产经营的每一个环节的纰漏都会导致事关全局的大灾难。因此,应广泛宣传,使风险观念和风险意识深入人心;发挥企业全体成员的主人翁意识,发动全体成员实现全员排查风险、全员处理风险,防止出现不良的连锁反应。可以说,风险管理需要企业全体成员的共同参与。

3. 前瞻性原则

建立对工业企业风险动态预警机制,并由专门人员负责,对企业风险做出预判;对企业生产经营活动中可能存在的各种不确定性进行实时监测,防患于未然,当出现风险因素时,及时采取有效的风险管理措施加以应对,从而避免风险或使风险的损害降低到最低限度。

4. 成本效益原则

企业是以营利为目的法人组织,成本效益原则是企业应遵循的基本原则,企业风险管理同样要遵循这一原则。企业风险管理的成本包括风险管理制度的设计成本、风险管理的执行成本以及企业从事次优活动可能获得的机会成本。风险管理的效益主要体现在减少了风险给企业带来的损失。企业在综合考虑成本和效益的基础上,决定本企业采取何种措施实施风险管理、实施风险管理规模的大小等。

8.1.2　工业企业风险管理信息的采集

工业企业实施全面风险管理,需要持续不断地收集与本工业企业风险密切相关的内外部数据,包括宏观经济数据、战略数据、财务数据及企业运营数据。由于这些数据分布的范围极广,采集的方法比较复杂,难度较大,需要不同专业的人员或职能部门密切配合。

在战略风险方面,要注重收集与本工业企业密切相关的重要信息。可以用波特的"钻石模型"进行充分的市场分析,包括需求条件、关联和辅助性产业、竞争对手的表现等;充分了解国内外的宏观经济政策以及经济形势,分析本产业的国内外发展现状;充分认识国家的战略发展方向,对适合本企业发展的项目做好充分认证;不盲目跟从、不盲目扩张、不盲目多元化,在坚持主业的基础上,顺利实现转型升级。

在宏观经济环境方面,在本研究的基础上,收集 8 个宏观经济指标 X_{26}、X_{27}、X_{28}、X_{29}、X_{30}、X_{31}、X_{32}、X_{33}(利率变化、汇率变化、存款准备金率、工工业企业景气指数、工业企业家信心指数、居民消费价格指数、M2 货币供给变化和职工平均工资)的数据,充分认识我国工业企业的发展现状及发展趋势。

在财务方面,根据本研究的研究结果,收集本企业最重要的财务指标(速动比率、资产负债率、应收账款周转率、流动资产周转率、固定资产周转率、总资产周转率、总资产增长率、营业收入增长率、全部资产现金回收率、债务保障率等),并将其导入 Logit 或 Probit 模型,充分认识本企业风险的历史演变及发展趋势。

在运营方面,企业要收集与本企业、本行业相关的以下数据:产品和服务的定位、市场营销策略;企业的信息系统安全问题,是否存在质量、安全、环保、信息安全问题;企业管理的水平以及组织效能,企业各级管理人员的知识结构、专业素质,一线员工的生产效率等。

企业对收集战略、宏观经济、财务和运营四个维度的数据进行必要的筛选和提炼,并建立风险测评的模型,以便进行风险评估。

8.1.3　工业企业风险的识别与评估

工业企业在完成风险管理信息的采集之后,要对风险进行识别和评估。实施风险评估的主体既可以是企业内部有关职能部门和业务单位,也可以是国内外知名的具有较强专业能力的风险管理中介机构。风险评估一般包括风险辨识、分析和评价三个步骤。

风险辨识是指查找企业各职能部门、各项业务流程、各主要经营活动是否存在风险,存在哪些风险。风险分析是指对风险辨识的结果进行明确的定义描述,分析风险发生的可能性以及发生的前提条件。风险评价是评估风险辨识和风险分析得出的风险对企业实现生产经营目标的影响程度。进行风险辨识、风险分析和风险评价,根据企业的实际需要,既可以采用定性的方法,也可以采用定量的方法。

8.1.4　工业企业风险管理策略的制定

风险管理策略是指企业根据所处的外部环境和内部运营条件,围绕企业的战略目标,确定企业的风险偏好及风险承受度,从而选择合适的风险管理工具的总体策略,并确定实施风险管理所需的人力、物力及财力的优化配置方案。对于纯粹的风险,如战略风险、财务风险、运营风险、法律风险等,可以采取风险承担、规避、转换、控制等方法,使企业遭受的风险最小化;而对于能带来赢利机会的风险,可以采用风险转移、对冲、补偿等手段进行理财,实现企业收益的最大化。

工业企业应根据战略目标和自身的特点,确定风险偏好和风险容忍度,即企业是否愿意承担风险,愿意承担哪些风险,风险的最低限度值和风险的最高限度值(风险的阈值)是多少,并据此确定企业的动态预警线和应该采取的相应对策。企业应在风险与收益之间做一权衡,既要杜绝片面追求收益而不管风险,也要防止为规避风险而放弃发展机遇。企业可以对风险偏好做定性的分析,对风险的容忍度做定量的分析。

8.1.5　工业企业风险管理解决方案

工业企业应根据风险管理策略和"一事一议"的原则,对企业所面临的各种风险或事项制定相应的风险管理解决方案。风险管理的解决方案要明确具体目标,需要的组织领导机构,所牵涉的管理和业务流程,风险解决的条件和手段等,以及在风险发生的前、中、后三个阶段应采取哪些具体的措施和风险的管理工具。一般而言,包括以下的内容:风险管理岗位授权制度,明确规定风险管理岗位授权的对象、条件、范围与额度等,任何人不得越权做出风险性的决定;风险管理报告制度,明确风险管理报告的对象、报告的内容、报告的时间、报告的频率及报告传递路线;建立风险管理批准制度,对于一些重要事项,明确规定负责任的部门和人员,批准的程序、条件、范围和额度、文件;建立风险管理责任制度,按照责权利统一的原则,实施相应的奖惩;建立风险管理审计检查制度,明确规定负责审计检查的部门以及审计检查的对象、内容、方式;建立风险管理考核评价制度,把职能部门的风险管理执行情况直接与绩效薪酬挂钩;建立风险预警制度,实时监测企业风险,发布预警信息,并制定相应的应急预案。

总之,企业应当按照风险管理的职责分工,认真组织实施风险管理解决方案,确保各项措施落实到位。

8.1.6　工业企业风险管理的监督与改进

工业企业要对风险管理的结果进行监督和复核,并加以改进和完善。企业应以重大风险及业务流程为重点,对整个风险管理的过程以及风险管理解决方案的实施情况进行实时监督,采用返回测试、压力测试、穿行测试等多种方法对风险管理的效果进行检验和复核,并对出现的问题和存在的缺陷及时加以改进,并做出反馈意见。

工业企业应建立畅通的风险管理信息沟通渠道,确保风险管理信息传达的及时、准确和完整,确保风险管理信息沟通贯穿于整个风险管理流程,从而为风险管理监督与改进奠定基础。企业各职能部门和业务单位应定期自查和检验风险管理工作,并将检查检验报告及时报送至风险管理部门;风险管理部门应定期对企业各职能部门和业务单位的风险管理情况进行检查,做出评价,并提出相应的整改建议。企业也可以聘请具备相关资质的、专业能力强的风险管理中介机构对企业风险管理工作进行评估,并出具提高风险管理水平的专项报告,从而促进工业企业风险管理的监督与改进。

8.2　建设工业企业全面风险管理的信息系统

工业企业风险和危机的发生在很大程度上是由信息不对称引发的,建立健全信息共享的工业全面风险管理的网络信息系统,有利于减少双方的信息不对称性,有利于防范和应对工业企业风险和危机。

全面风险管理信息系统为企业提供全面风险管理的信息化保障。它不仅能为企业的内部提供全面、及时的风险信息交流,且能用科学的方法评估企业所面临风险的危害程度,利用决策知识库为决策者提供应对风险的方法和措施,并能把风险管理目标和责任分解到各个部门和岗位,对企业的风险管理状况进行全面、动态的监控。全面风险管理信息系统能整合风险管理的工具和方法,将全面风险管理理念和思想融入管理流程之中,从而更好地实现全过程的、全方位的、全部的、全员的风险管理。对于信息系统的基础还相对薄弱的企业,可先从相应业务流程的信息系统建设入手,配合优化的风险管理政策和流程设计,逐步完善数据积累,学习使用先进风险管理工具和模型。同时,引入具有前瞻性的全面风险管理信息系统。通过搭建公司应用平台,建立信息数据仓储,有规划地、分步分批地整合公司的各类风险管理信息系统,谋求在全企业范围内整合和分享相互关联的风险信息。

8.2.1 工业企业风险管理信息系统的流程

企业应根据全面风险管理工作的需要,成立风险管理委员会和风险管理办公室,形成上下一体、分工明确的风险管理组织体系,建立以各单位风险管理专职人员具体落实、风险管理专职机构统一协调、公司专业管理委员会指导的三级管理模式,明确各组织机构职能和岗位人员职责,为公司全面风险管理体系的正常运行奠定了基础。系统的业务流程如图 8.1 所示。

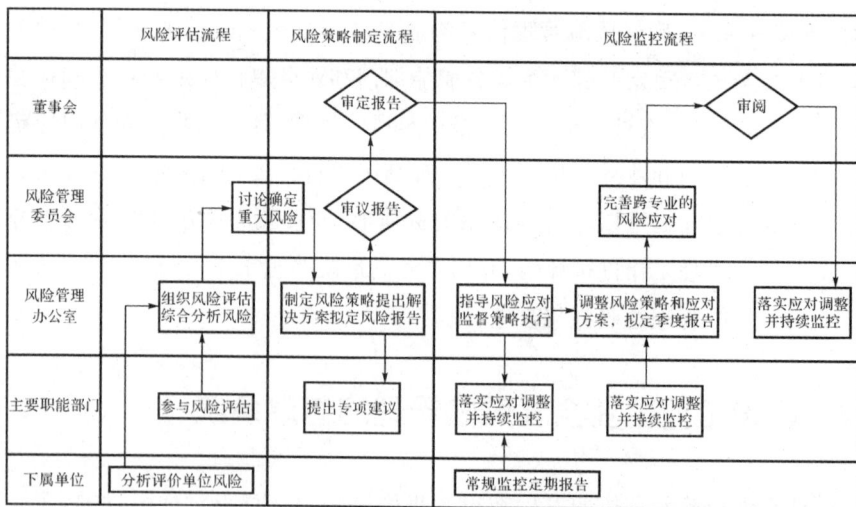

图 8.1　全面风险管理系统业务流程

8.2.2 工业企业风险管理信息系统的目标

工业企业风险管理信息系统的目标应该包括以下几个：

第一，应用到风险监测、风险分析、风险管理的各个环节，具备风险数据和信息的采集、存储、加工、分析、测试、传递、报告、披露等各项功能。

第二，实现信息在各职能部门、业务单位之间的集成与共享。连接各上下级、各部门和业务单位的沟通渠道，确保输入的业务数据和风险量化值的一致性、准确性、及时性、可用性和完整性。

第三，逐步建立贯穿于整个风险管理的基本流程，明确内部控制相关信息的收集、处理和传递程序，确保信息沟通及时、准确、完整，促进内部控制有效运行。

第四，帮助集团公司实现风险管理流程的规范化、信息收集的全面性、风险监控的实时性、风险分析评估的准确性和风险管理决策的有效性。

8.2.3 工业企业风险管理信息系统的功能

全面风险管理信息系统从功能上讲包括风险辨识评估模块、风险监控模块、风险应对模块、风险报告模块、数据导入模块和系统设置模块等；从系统架构上来讲，包括前端的信息输入和信息输出平台、后端的数据库和中端的分析控制模块。各功能模块可嵌入集团现有管理信息系统之中，或基于独立的运转平台并与集团公司其他管理信息系统接口，以发挥其收集、整理、分析、传递、记录、报告、反馈风险信息的功能。全面风险管理信息系统功能见图8.2。

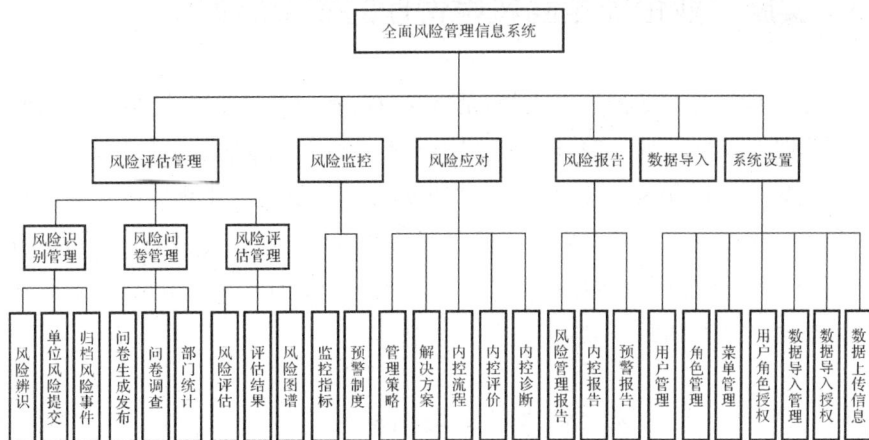

图 8.2 工业企业风险管理信息系统功能

第一，风险辨识评估模块，主要任务是收集、梳理、辨识战略风险、财务风险、市场风险、运营风险和法律风险等风险事件，并分类提交到风险事件库中。风险问卷子模块内置了多种辨识问卷，如财务类、运营类等风险问卷，可通过评估问卷的在线发布，让风险专家等通过网页方式进行风险评估，提高效率。风险评估子模块中可以自由设置用户权重，并根据相应的计算公式，自动完成统计评估结果，提高评估阶段的工作效率。同时，直接生成风险图谱，直观显示风险评估的结果。

第二，风险监控模块，用以维护风险预警指标和预警规则，可与企业其他的IT 系统进行数据集成。根据风险事件指标值所处的不同的预警范围，进行红、黄、绿灯预警，并可随时查询历史预警数据。

第三，风险应对模块，应能帮助工业企业梳理制定重大风险管理策略和解决方案，降低可能的损失，提高机会收益，并对解决方案的有效性进行评价，达到持续改进风险管理的目的。

第四，风险报告模块。这是工业企业风险管理信息传递的基本途径，通过企业各层面之间的风险信息收集、传递和反馈，为风险事前防范、事中控制、事后应对和管理有效评价提供支持。

第五，数据导入模块。该模块需要实现将 Excel 格式的数据大批量上传到数据库的功能。

第六，系统设置模块。该模块需要实现用户权限、菜单管理等功能；不同职责的用户查看不同的功能负面，实现分级管理。

8.3 实施工业企业全面风险管理的教育培训

企业家是工业企业的领军人物，是接受风险和应对风险的主体；企业管理者和工作人员是实施企业风险管理的主体；只有全面提高企业家、企业管理者和工作人员的风险意识和风险应对能力，才能从根本上提高工业企业的风险防范和应对能力。本节在对工业企业的风险管理教育培训教材、教育培训内容、教育培训师资、教育培训效果评价等问题进行系统研究基础上，研究制定《工业企业全面风险管理的教育培训规划》。

8.3.1 工业企业的风险管理教育培训教材

目前，国内尚无专业的企业风险管理方面的专门培训教材。一些会计师事务所、管理咨询公司,如安永、德勤、北京中电力企业管理咨询公司、中天恒管理咨询公司和中天恒会计事务所等,出版了一些书籍和课件。这些书籍和课件缺乏理论深度,也未能实现对企业风险管理国际标准、国内标准的正确解读,缺乏对宏观经济形势的正确研判,而且缺乏系统性。因此,研发全面风险管理培训的教材刻不容缓。

建议由政府经济工作部门牵头,政府财政部门出资,或者召集部分规模以上企业出资,组织一批专家学者、企业家、企业管理人员研发一系列的企业全面风险管理方面的教材,如《企业风险管理理论与实务》、《企业风险管理标准解读》、《宏观经济形势分析》、《企业风险动态预警与全面管理》等。

8.3.2 工业企业的风险管理教育培训内容

风险管理教育培训的内容要全面、系统,具有针对性,列举如下:

一是对当前国内外宏观经济形势的研判,这一点至关重要,是正确把握企业风险的首要前提。要正确分析和把握当前宏观经济形势,并且对未来经济走势做出准确的判断。任何误导和误判,都可能会给企业的工作带来巨大的损失。因此,如何分析好当前宏观经济形势,研判好未来经济走势,对于各个部门、各个企业都是至关重要的。如 2012 年宏观经济形势研判培训的内容包括:(1)国际形势培训(美国次贷危机、欧债危机、中东北非动荡形势、2012 大选年、周边形势等),我国经济对外依存度较高,出口企业较多,国际形势对工业企业生产具有非常大的影响;(2)国内形势培训,让企业了解国内财政政策、货币政策等,让企业正确地认识投融资环境。

二是对企业风险管理理论与实务的培训。培训内容包括:为什么要进行企业风险管理? 企业面临的风险有哪些? 如何对企业风险进行有效管理? 知名企业成功与失败的经验教训有哪些? 让企业家、企业管理和工作人员对企业风险管理有全面的认识。

三是对企业风险管理国际国内标准的解读。目前企业风险管理方面的标准有很多,国际标准有国际标准化组织的 ISO 31000;发达国家标准有澳大利亚—新西兰 4360 风险管理标准(AS/NZS 4360:1995)、美国 COSO 企业风险管理整合框架、加拿大风险管理标准《决策者的指南:加拿大国家风险管理指南》(CAN/CSA-Q850-97)、英国风险管理标准《项目管理第三篇:与商业相关的项目风险管理指南》(BS-6079-3:2000)等;国内有《中央企业全面风险管理指引》和

《全国工商联民营企业风险管理指引手册》等。这些标准在企业风险管理原则、框架和过程方面各有什么优点,企业在个体层面如何从这些标准中探索应对各种风险的方法。

四是企业风险识别、动态预警与全面管理的培训。在本研究提供的工业企业风险动态预警的多元排序 Logit 模型、多元排序 Probit 模型和工业企业风险预警指数的基础上,让更多的企业接受这方面的培训,以便让企业自身具备风险动态预警的能力。

8.3.3　工业企业的风险管理教育培训师资

根据企业风险管理培训的内容,企业风险管理培训的师资主要包括:

一是政府经济部门的工作人员,由他们进行宏观经济形势研判的培训。政府经济部门的工作人员对宏观经济形势最了解,又是多年的工业经济从业人员,对浙江省工业经济状况最熟悉。

二是企业风险管理领域的专家、学者。企业风险管理领域的专家、学者对企业家、企业管理者和工作人员进行企业风险管理理论与实务的培训、企业风险管理国内外标准的解读,让受训者接受系统的企业风险管理方面的培训。

三是一些知名的企业家。这些企业家在多年的企业经营管理活动中,经历了多次风险的洗礼,在企业风险管理方面有许多心得。这些心得能够弥补理论的不足,而且是在多年实战中积累形成的,对其他企业家、企业管理者和工作人员具有重大的借鉴意义。

8.3.4　浙江工业企业的风险管理教育培训绩效考核

在进行企业风险管理培训后,要进行风险管理培训的绩效考核,考核分两个层面进行:

一是理论考试,考试合格后由政府部门发给"企业风险管理培训"合格证书。考试的目的在于让受训者认真学习培训的有关知识,加深对企业风险管理的认识。

二是实践评估,由政府经济和信息化委员会组织一批专家组建企业风险管理评估小组。受训企业在完成受训后,要将受训的内容运用到企业,如出台企业风险管理的相关文件、组建企业风险管理的机构(如 CRO 等)。实践评估小组完成企业风险管理评估后,由经济和信息化委员会颁发"企业风险管理示范企业"荣誉证书。

8.4 实行工业企业危机保险

在经济全球化背景下,工业企业的发展承担着越来越大的风险,工业企业的危机保险作为一种新的风险转移机制和全面风险管理方式,既能有效地降低和分散工业企业发展所面临的各种类型风险,有利于促进工业企业的可持续发展,同时也有利于开拓保险公司新的利润增长点,有利于促进保险业的快速成长。本节重点研究以下若干问题:工业企业实行危机保险的必要性和可行性研究;工业企业危机保险的特点、内涵与主要类型研究;工业企业危机保险的保费和保额设定原则研究等。

8.4.1 工业企业实行危机保险的必要性和可行性

工业企业实行危机保险是企业规避、转移风险的重要手段。每一个企业在日常生产与经营活动中都会遭遇各种各样的风险。目前,企业一般都投保了财产风险,即自然界灾害引发的火灾导致的巨大财产损失;也给员工投保了人身保险,即员工在生产过程中遭遇的身体损伤。但,除此之外,企业还会面临社会经济风险,如企业的投资可能会因各种原因而导致失败;生产的产品因机器、原材料等质量问题引起产品本身性能的降低或毁损;新试制的产品刚上市时可能没有销路;等等,这些风险将直接导致企业产生危机,如何规避、转移这些风险是摆在企业面前的重大课题。

工业企业实施危机保险是金融创新的新发展。近年来,特别是金融危机后,中小微企业的发展越来越受到政府的重视。2009 年 9 月,《国务院关于进一步促进中小企业发展的若干意见》中指出:"鼓励保险机构积极开发为中小企业服务的保险产品。"2012 年 4 月在对中小企业扶持政策的基础上,《国务院关于进一步支持小型微型企业健康发展的意见》针对中小微企业融资难的问题,提出"要积极发展小型微型企业贷款保证保险和信用保险"。2012 年 4 月《国务院关于进一步支持小型微型企业健康发展的意见》下发后,保险业进一步加大了对中小微企业保险的开发、创新和推广。在 2012 年陆家嘴论坛上,"构建与小微企业发展相匹配的金融体系"成为会议热点。我国工业企业大多属于民营企业、中小微企业,由于资金力量薄弱、抗风险能力低等问题,这些大多有较强烈的风险转嫁需求,这为企业危机保险的发展催生出很大的空间。

8.4.2 工业企业实行危机保险的内涵与类型

1. 内涵

企业危机保险就是企业向保险人(公司)交付一定的费用(即保险费),在一定的时期内一旦发生约定的风险事故时,保险人根据双方事先签订的保险合同承担赔偿损失的全部或一部分。

2. 类型

企业在经济活动中主要有四大生产要素参与,即人、财、物、信息。企业在生产经营活动中,围绕这四大要素会产生诸多的风险。

一是员工风险。企业活动的主体是各级员工,员工风险主要是指他们的身体和生命在企业经济活动中所面临的各种危险,诸如工伤事故、生老病死之类。这类风险关系到企业员工的一生,不但影响企业日常的生产经营工作,而且影响企业长期稳定的发展。

二是财物风险。在企业中这是显而易见的风险。企业的各种固定资产、流动资产每天都面临被毁、被盗、被抢的危险;就企业财产本身来说,在保护、保管、运输过程中也存在因自然因素或人为因素而遭受破坏的危险。企业如果不对这一类风险加强防范,将导致企业巨大的物资和财产损失,将使企业的生产经营活动停顿,从而直接威胁企业的生存与发展。

三是经营风险。这主要是指企业对外经济活动中的风险。例如,企业营销活动产生的风险,对外合资、合作的风险,对外投资风险,对外借贷、担保的风险,企业各种金融活动的风险,新产品试制风险,新项目开工风险,等等,这些风险都将直接影响企业未来的发展和兴衰。

四是企业财务活动中的各种风险,包括企业的盈亏、贷款偿还、债务纠纷等,这里往往可以通过各种财务报表反映出来,企业应当善于通过财务报表来发现经营中的各种风险。

企业不可能把所有的风险都转移给保险公司,应当在正确评估自己面临的各种风险的条件下,综合考虑企业的近期发展和长期规划、企业财物的利益、企业员工的利益,有选择地进行投保。

8.4.3 工业企业实行危机保险的保费和保额设定原则

工业企业实行危机保险的保费和保额,既要考虑到投保的工业企业的利益,又要考虑保险企业的利益。一般来说,经济效益好的企业可能有较多的资金去买保险,经济效益差的企业可能就会少买一些保险。因此,可以设定如下原则:

一是设定一定数额的强制险。这一险种类似于机动车辆的交强险,不管企业规模大小,必须强制购买。发生约定的企业风险,由保险公司负责赔偿。至于这一数额是多少,有待保险公司在全面调研的情况下确定。

二是根据企业的规模和企业购买危机保险的意愿,由企业与保险公司协商做出。这一险种类似于机动车辆的商业险,可以根据企业自身的不同情况,由企业自主选择一定的险种进行保险,企业规模越大,所需投保保费越多。

8.5 推行工业企业有限合伙制

近年来,我国一些上市公司频频发生违规违法行为,诸如虚假陈述、操纵市场、违规担保、内幕交易、改变投资方向、恶意圈钱等。上市公司的违规违法行为给投资者和债权人造成了重大损失,甚至将上市公司推到破产倒闭或退市的边缘。上市公司频频违规违法的原因是多方面的,但企业经营者责权利不对称无疑是重要原因之一。积极推动浙江工业企业(尤其是国有工业企业、上市的工业企业)实行有限合伙制,有利于从根本上建立企业经营者的激励与约束机制,有利于从根本上解决企业经营者责权利不对称的问题。有限合伙制度是指由有限合伙人与普通合伙人共同组成的合伙组织。本节将对工业企业实行有限合伙制的必要性和可行性、实行有限合伙制的框架体系、实行有限合伙制的支撑条件等问题进行探索研究。

8.5.1 工业企业实行有限合伙制的必要性和可行性

从经济学角度来看,工业企业的运作效率主要取决于以下两个方面:一是激励机制问题;二是代理人风险控制(即约束机制)问题。因此,判断工业企业改革是否取得实质性突破,关键是看它能否很好地解决这两个关键性问题。

首先,从激励机制看,企业经营者收入的高低直接决定其工作的努力程度。在工业企业中,经营者经营管理的才能与贡献,未能在收入上充分体现出来,经营者个人收入与企业利益没有充分挂钩,没有内化为经营者效用函数的内生变量。尽管可以通过提高经营者的薪酬奖金来激励其努力工作,但如果不与企业的经营成效直接挂钩,所产生的激励作用是有限的,且难以持续。

其次,从约束机制看,虽然工业企业的资产属全民所有是非常明确的,但全体人民无论从法律上还是经营运作上都难以全面、有效地行使所有者的权利,致使工业企业的所有者"虚置"。作为工业企业所有权的自然人代理人远不如私营企业主那样,以最认真、最负责的态度精细地选择企业经营者,并寻求最科学、最有效的方式对企业经营者进行严密的监督和约束,以最大限度地控制代理人风险。在现行的工业企业制度架构下,最具有信息优势、最难以监督的企业经营者所承担的责任与其经营成败几乎是完全分离的,大多数的企业经营者也同样不会以最认真、最负责、最勤勉的态度经营好工业企业。

国外实行有限合伙制的主要做法为工业企业推行有限合伙制的改革提供了有益的经验。美国90%以上的创业投资企业均实行有限合伙制。通过设立有限合伙制,普通合伙人从事合伙的生产经营管理,同时又获得了有限合伙人的资金,解决了企业资金短缺的问题,而出资人作为有限合伙人,虽然不参与合伙的经营,但其却分享了利润,即使经营失败,有限合伙人也仅以损失出资额为代价。有限权利承担有限风险、无限权利承担无限风险的原则,在有限合伙中得以充分体现。

修订后的《合伙企业法》为工业企业推行有限合伙制的改革提供了法律基础。第一章对有限合伙企业做出了明确的法律定义,第三章对有限合伙企业的设立条件、出资方式、责权利分担机制、企业解散、清算等一系列问题做出了法律规定。

有限合伙制的核心和精髓是有限责任人(投资人)与无限责任人(普通合伙人)同时并存。有限合伙人与企业之间的结合是资本的结合,这决定了有限合伙人的替换、过世、退伙或丧失行为能力等因素并不必然导致有限合伙的解散。因此,有限合伙企业比普通合伙企业更能保持资本的稳定、营业的持续。而普通合伙人不但要有市场、技术、经营和管理经验,又要有足够的时间和精力投入企业,还要具备对亏损与负债承担连带责任的能力。但是在现实的经济生活当中,有许多有投资欲望和投资能力的投资人(如国家),并不具备普通合伙人(企业经营者)的素质与条件。有限合伙制度很好地解决了不具备普通合伙人的素质和条件而又有很强投资欲望与能力的投资人的投资问题,有利于企业聚集社会闲散资金和扩大企业生产规模,有利于企业持续、稳定地发展。

因此,工业企业推行有限合伙制的改革是现实可行的。

8.5.2　工业企业实行有限合伙制的框架体系

投资者（股东）作为有限合伙人不直接参与管理，一般投入总投资额的99％，得到80％的投资收益，在出资范围内承担有限责任；企业经营者作为普通合伙人，则直接负责合伙组织的运作与经营，并对合伙组织承担连带无限责任，他们通常仅出资1％，但可以享受到20％的投资收益（如图8.3所示）。

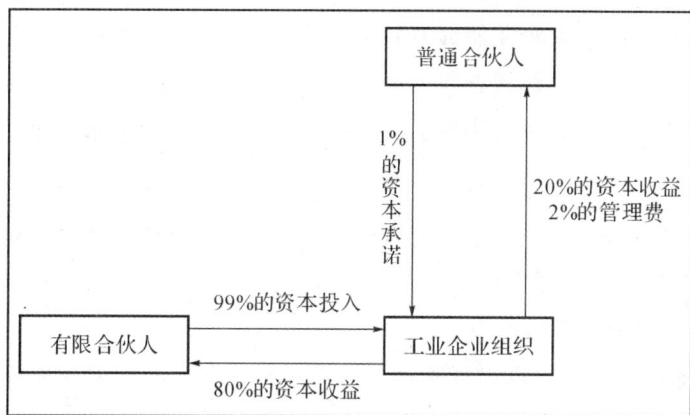

图 8.3　工业企业实行有限合伙制的框架体系

8.5.3　工业企业实行有限合伙制的支撑条件

我国工业企业实行有限合伙制的支撑条件主要包括激励机制和约束机制：

1.有限合伙架构下工业企业的激励机制

推行有限合伙是工业企业治理制度的重大创新，它是在国家与企业经营者信息高度不对称条件下而建构的特殊委托代理制度，其独特之处在于把约束机制与激励机制和谐地统一在有限合伙框架中。

第一，工业企业经营者通常以出资额的一定比例注入个人资本。在有限合伙的框架下，作为有限合伙人的国家投入的资金构成了工业企业的主要资金来源，而作为普通合伙人的企业经营者投入的主要是管理经验、市场专长、技术知识、社会网络关系与行业信誉等，但企业经营者通常要以融资额的一定比例（如1％）注入个人资本。如果作为有限合伙的工业企业出资总额为2亿元，企业经营者通常要注入200万元的个人资本。这种做法把企业经营者的利益与他们的责任紧密结合起来，这样能够有效地限制企业经营者轻率的冒险行为，控制代理人风险,调动经营者的积极性。

第二,工业企业经营者的利益与其经营业绩紧密挂钩。工业企业的经营决策权和控制权主要掌握在企业经营者手中,如果企业经营者不拥有较大份额的剩余索取权,他们就不可能潜心地投入到工业企业中。在有限合伙的框架下,企业经营者的管理费用收入较小,而最终投资利润分成收益却往往占有很大的份额。工业企业的这种分配架构使得普通合伙人的利润分成收益远远高于其管理费用收入,从而把企业经营者的利益与工业企业的经营业绩紧紧地捆绑在一起。实行有限合伙制的工业企业能够有效地解决激励机制问题,关键在于将工业企业的经营业绩变成企业经营者收入函数中一个重要变量,从而作为一种长期的激励机制使得企业经营者为实现工业企业价值的最大化而勤勉工作。

2.有限合伙架构下工业企业的约束机制

有限合伙架构下工业企业的约束机制主要体现在有限合伙人仅以出资额为限承担有限责任,而普通合伙人对合伙的债务负无限连带责任,其重要功能是控制工业企业的代理风险。

首先,有限合伙人仅以出资的资金为限对工业企业的亏损与债务承担有限责任,这就在制度设计上为国家承担的最大风险设置了上限。

其次,企业经营者要对工业企业的亏损与债务承担无限连带责任,他们的个人财产也处于高度的风险之中,把企业经营者的个人责任与整个工业企业的成败紧密地结合在一起,在制度设计上迫使工业企业经营者破釜沉舟,并与工业企业共存亡,从而把代理人风险尽可能地降低到最低程度。

为了减少改革的风险,规避改革的阵痛,可以选择竞争性领域的中小型工业企业(尤其是长期亏损的工业企业)或者新建的工业企业实施有限合伙制的试点工作,积累一定经验后再进行推广。

第9章 结论与展望

9.1 研究结论

本书在清晰界定企业风险的内涵与概念,以及深入揭示工业企业风险的类型与形成机理的基础上,厘清了企业风险、企业风险管理和企业风险动态预警等的内涵,回顾评析了企业风险的识别与预警的以往相关研究,系统梳理了企业风险预警的基本方法,全面考察了企业风险管理的理论与实践,探讨了企业风险管理的一般程序和方法;以全面风险管理为指导,结合企业风险形成机理,构建了工业企业风险动态预警的理论指标体系,并运用因子分析和相关分析等多重实证研究方法对预警指标进行了实证筛选,构建了具有较高信度和效度的工业企业风险动态预警指标体系;通过等距抽样的方法从沪深两市抽取了57家工业企业2005年1季度至2012年4季度的财务指标,共45600个数据进行实证研究,运用多元排序 Logit 和 Probit 模型进行了回归分析,建立了工业企业风险动态预警的多元排序 Logit 和 Probit 模型;精选了27个动态预警指标,建立了工业企业风险动态预警指数;最后,从加强对工业企业风险进行政府监管的角度,对出台工业企业风险管理指引、工业企业风险管理网络信息系统建设、工业企业风险管理培训、工业企业实行危机保险、工业企业推行有限合伙制等问题进行深入系统的研究。具体结论如下:

(1)系统梳理了工业企业风险的形成机理。在清晰界定企业风险内涵的基础上,将国内外企业风险形成的影响因素归纳为战略、财务、运营和宏观环境四个维度,并指出了企业风险的形成机理,有助于学术界从企业的战略层面、财务层面、运营层面和宏观经济层面四个维度遴选若干指标建立企业风险动态预警的指标体系。

（2）比较分析了国内外企业风险管理的理论与实践。重点从企业风险管理的原则、框架、过程三个维度，系统分析了国际标准化组织 ISO 31000、美国 COSO 企业风险管理整合框架、澳大利亚新西兰 4360 风险管理标准（AS/NZS 4360:1995），以及我国《中央企业全面风险管理指引》的主要做法和经验，为构建工业企业风险的动态预警指标、动态预警模型、动态预警指数，以及研究制定全面风险管理的路径方略与具体措施提供了思路与方向。

（3）构建了工业企业风险动态预警的指标体系。充分借鉴以往的相关研究成果，从财务层面、宏观经济层面两个维度遴选了 33 个指标建构了工业企业风险动态预警的理论指标体系，运用因子分析和相关分析等多重实证方法对预警指标进行了实证筛选，构建了具有较高信度和效度的工业企业风险的动态预警指标体系。

（4）通过实证研究建立了工业企业风险动态预警的多元排序 Logit 回归模型和 Probit 回归模型，在个体层面上，为企业风险的动态预警提供了具有前瞻性和可操作性的预警工具。以在沪深两地上市交易的 57 家工业企业为研究对象，从国泰安 CSMAR 数据库采集到 57 家上市工业企业 2005 年第 1 季度至 2012 年第 4 季度共 32 个季度的财务数据，从中经专网、国家统计局网站、中国人民银行网站、中国货币网、浙江统计信息网和新华网等经济数据库采集了包括利率变化、汇率变化、存款准备金率、工业企业景气指数、工业企业家信心指数、消费者价格指数、M2 货币供给变化和职工平均工资等宏观经济指标数据，建立了工业企业风险的动态预警 Logit 回归模型和 Probit 回归模型。

实证研究结果表明，26 个指标进入了排序多元 Logit 模型，27 个指标进入了排序多元 Probit 模型，建立的浙江工业企业风险动态预警的多元排序 Logit 模型和多元排序 Probit 模型具有较高的预测准确率，模型总体预测准确率接近 60%，如果考虑模型预测误差在一个等级内，模型预测准确率约为 95%。这两个模型基本等价，正确预测的比率几乎完全相同。第 5 章选取的 8 个宏观经济指标 X_{26}、X_{27}、X_{28}、X_{29}、X_{30}、X_{31}、X_{32}、X_{33}（利率变化、汇率变化、存款准备金率、工工业企业景气指数、工业企业家信心指数、居民消费价格指数、M$_2$ 货币供给变化和职工平均工资）能够对工业企业风险进行有效的动态预警。在多元排序 Logit 模型中，8 个宏观经济指标有 7 个指标（X_{26}、X_{27}、X_{28}、X_{29}、X_{30}、X_{32}、X_{33}）进入了模型，并且都通过了显著性检验；在多元排序 Probit 模型中，8 个宏观经济指标全部进入了模型，只有 X_{28} 没能通过显著性检验。这些都说明，课题组选取的浙江工业企业风险动态预警指标是有效的,在此基础上建立的模型的拟合度是非常高的。

企业财务指标方面,多元排序 Logit 模型和多元排序 Probit 模型的结果都表明 X_1、X_2、X_3、X_4、X_7、X_8、X_9、X_{10}、X_{11}、X_{13}、X_{14}、X_{15}、X_{17}、X_{18}、X_{19}、X_{20}、X_{21}、X_{22}、X_{23}(营业利润率、总资产净利润率、销售净利率、营业毛利率、资本保值增值率、流动比率、速动比率、现金比率、资产负债率、存货周转率、应收账款周转率、流动资产周转率、总资产周转率、总资产增长率、营业收入增长率、资本积累率、每股未分配利润、营业收入现金比率、全部资产现金回收率)等 19 个指标能够对工业企业风险进行有效的动态预警。实证研究表明,本书所选取的工业企业风险动态预警指标是有效的,在此基础上建立的模型的拟合度是非常高的。

(5)研发建立了工业企业风险动态预警的季度风险指数和年度风险指数。在工业企业风险的动态预警 Logit 回归模型和 Probit 回归模型的基础上,选择了 27 个关键性预警指标,研发了工业企业动态预警指数的测度体系和测度模型,并从季度、年度两个时间维度,对工业企业风险指数进行了实际测度,在企业总体(所有产业领域的工业企业)或企业群体(某个产业领域的工业企业)层面上,为动态预警工业企业风险提供了有效的工具。

从风险指数的年度走向上看,2005 年至 2012 年,浙江省工业企业的风险呈逐步上升之势。特别是 2007 年开始,由于受国际金融危机的影响,浙江工业企业的风险指数急遽上升,2007 年 2 季度至 2008 年 1 季度,风险指数维持在 110 以上。2008 年第 4 季度,工业企业风险指数从 3 季度的 108.7963 迅速下降为 100.6543,2009 年前 2 个季度的工业企业风险指数也维持在较低水平。风险指数迅速下降的主要原因是 2008 年,央行新增人民币贷款超过 4 万亿元,并采取了"灵活调整基准利率、存款准备金率等货币政策工具"的政策,刺激了工业企业的增长。受国内宏观调控政策的影响,浙江工业经济有复苏迹象。2010 年、2011 年和 2012 年,工业企业风险指数居高不下,还未能摆脱经营危机。从移动平均曲线上看,2012 年的风险指数略低于 2011 年的风险指数,说明我国工业经济有好转的迹象。

2005 年至 2012 年工业企业年度风险指数图也印证了前面的工业企业季度风险指数图,两者的研究结果具有高度的一致性。2005 年风险指数最低,2006 年也维持在较低水平,风险指数仅为 103.19,是我国工业经济平稳增长的阶段。2007 年工业企业风险指数从 2006 年的 103.19 急遽上升到 110.65。2008 年的风险指数为 107.01,2009 年的风险指数为 107.13,比 2007 年略有下降,说明受国内宏观经济调控政策的影响,工业经济短暂复苏。2010 年风险指数为 113.86,2011 年风险指数为 118.99,2012 年风险指数为 114.06,风险指数走势较为平稳,但居于高位不下,说明浙江省工业企业面临严峻的风险,而且有逐步上升之势。

(6)对工业企业风险的全面管理进行了顶层设计。借鉴国内外全面风险管理的基本做法和主要经验,重点从工业企业风险管理指引、风险管理网络信息系统、风险管理教育培训、企业风险危机保险、有限合伙制度构建等五个层面,制定了一整套对工业企业风险进行政府监管的路径方略与具体措施,为政府和企业分析、识别、预警和应对风险提供了实操指南。

9.2　创新点

9.2.1　理论创新

(1)厘清了工业企业风险的影响因素和形成机理。以往对企业风险的研究只涉及企业某个单一层面风险形成的因素,缺乏对从企业整体层面对企业风险进行系统考察;缺乏对企业风险形成的影响因素进行系统归类,易使后续研究者产生概念上的混淆;以往研究没有涉及对企业风险形成机理的考察,对各种因素如何影响企业风险的形成的研究尤其不足。本书在清晰界定企业风险内涵的基础上,系统地梳理了企业风险影响因素和形成机理,为本研究和以后其他相关研究奠定了理论基础。

(2)构建了企业风险动态预警的指标体系。以往的研究主要从企业财务指标考量企业的风险,本研究拓展了这一思路,将 8 个宏观经济指标和 25 个财务指标纳入企业风险的动态预警指标体系,并运用因子分析和相关分析等多重实证方法对 33 个预警指标进行了实证筛选,构建了具有较高信度和效度的工业企业风险的动态预警指标体系。该体系的构建,为以后开展相关研究提供了新的视角。

9.2.2　方法创新

(1)企业风险等级划分方法的创新。以往研究企业风险的文献都是以出现 ST 现象作为企业陷入财务风险的标志,即当上市公司被 ST 时,因变量为 1;健康公司,因变量记为 0。本研究认为风险"无处不在,无时不有",运用因子分析法,将企业风险分为"1,2,3,4,5"五个等级。

(2)运用多元排序 Logit 回归和 Probit 回归构建工业企业风险动态预警的模型。以往国内外对企业风险动态预警主要采用单变量判别分析、多元线性判别分析、Logit 回归、Probit 回归、神经网络分析、VAR 模型、KMV 模型等。本研究运用多元排序 Logit 回归和多元排序 Probit 回归方法构建了模型,拓展了企业风险动态预警模型构建的方法。

(3)运用指数分析法研发了工业企业风险动态预警指数。目前,尚未发现有文献专门研究企业风险动态预警指数,本研究在工业企业风险的动态预警 Logit 回归模型和 Probit 回归模型的基础上,选择了 27 个关键性预警指标,研发了工业企业动态预警指数的测度体系和测度模型,并从季度、年度两个时间维度,对工业企业风险指数进行了实际测度。工业企业风险动态预警指数的建立,有助于在企业总体(所有产业领域的工业企业)或企业群体(某个产业领域的工业企业)层面上,为动态预警工业企业风险提供了有效的工具。

(4)运用了学科交叉的方法。本研究采用了公共管理学、企业管理学、计量经济学、金融学等学科的相关知识,多角度分析了企业风险动态预警及政府监管,大大拓展了本研究的视野。

9.3 研究展望

9.3.1 研究不足

尽管本研究具有一定的创新性,也通过实证研究得出了一些较有意义的结论,但是在研究过程中难免存在一些缺陷,需要在将来的研究中进一步深化和完善,其中主要包括:

(1)取样问题。截至 2013 年 3 月 1 日,沪深两市(A 股)上市公司总数为 2431 家(其中沪市 910 家,深市 1521 家),浙江省的沪深两市(A 股)上市公司约 250 家;中华人民共和国《统计年鉴》(2012)的数据显示,截至 2011 年年底,我国规模以上工业企业数量为 325609 万个,说明我国工业企业的数量非常多;浙江省《统计年鉴》(2013)的数据显示,截至 2012 年年底,浙江省规模以上工业企业数量为 36496 个。由于考虑到数据的连续性和可获得性,本研究运用只选择了

57 家上市公司,57 家企业相对于浙江省几十万甚至上百万个工业企业而言,样本数据偏少;而且本研究选择的是上市公司,上市公司相对于其他公司而言,更加规范、风险更小,因而其代表性存在一定程度上的局限性。因此,本文的实证分析还不是真正意义上的"大样本"研究,有待在日后的研究中加以改进。

(2)差异性问题。本研究在文献综述中发现企业风险受到企业所从事的行业、企业的规模、企业所在区域等因素的影响,然而在实证研究中,本研究并没有考虑企业的行业差异、规模差异和所在区域差异,因此得出的结论难免存在一定的局限性。

(3)指标选择问题。本研究通过查阅国内外文献,从战略、财务、运营和宏观经济四个维度遴选了 48 个指标,构建了工业企业风险动态预警的理论指标体系,但是在实证研究中,考虑到主观因素的制约,本研究只从财务和宏观经济两个维度选取了 33 个指标,并运用这 33 个指标建立了多元排序 Logit 模型和 Probit 模型,因此本研究构建的动态预警模型并不全面,其适用范围受到一定的限制。

(4)数据的精确性问题。在本研究所运用的大量的数据中,上市公司财务数据主要来源于 CSMAR 国泰安数据库,宏观经济指标来源于国家统计局、中国人民银行等部门的网站,数据来源属于二手数据,其精确性值得商榷。而且,CSMAR 国泰安数据库中采集的财务数据有一部分是缺失值,在数据的处理过程中,本研究采用了"平均值替代缺失值"的方法,并用这些数据构建了模型,因而所构建的模型的解释力也存在一定的局限性。

9.3.2　研究展望

随着我国经济转型升级的加速以及各领域改革的推进和步入深水区,工业企业必将面临更为激烈的市场竞争,经受更多的来自外部市场环境和内部管理运营的变化和不确定性带来的风险考验,因而在新形势下工业企业如何加强企业风险动态预警及全面管理,政府如何加强对工业企业风险的监管,就成为亟待解决的重大课题。今后,作者将继续深化对工业企业风险动态预警及政府监管体系的研究,并力争在以下几个方面有所突破:

(1)深入研究企业风险形成的影响因素和形成机理,更系统、更全面地掌握不同的影响因素对改善和降低企业风险等级的作用方式、作用强度和作用路径,以便更好地对工业企业风险进行政府监管。

（2）从本研究设定的战略、财务、运营和宏观经济四个维度遴选更多的指标，完善工业企业风险动态预警的理论指标体系，对一些涉及主观因素的指标进行大样本的问卷调查，使研究数据更全面更完善。

（3）充分考虑企业的行业差异、规模差异、所在区域差异，对我国各主要产业进行研究，研究建立每一产业的企业风险动态预警模型及预警指数；将企业划分为微型企业、小型企业、中型企业和大型企业，研究建立不同规模条件下的企业风险动态预警模型及预警指数；将企业按所在省份区分为不同的区域，研究建立我国每一省份的企业风险动态预警模型及预警指数。

（4）在时间跨度的选择上，从沪深两市开市开始收集上市公司的全部工业企业样本和全部数据，分析沪深两市开市以来我国工业企业风险的走势，对我国工业企业发展进行阶段划分，进而对我国工业企业发展进行趋势分析，并提出相应的工业企业风险监管策略，促进我国工业经济的转型升级和可持续发展。

参考文献

1. Aabo T,Fraser J R S,Simkins B J. The rise and evolution of the chief risk officer:enterprise risk management at Hydro One[J]. Journal of Applied Corporate Finance,2005,17(3):62-75.

2. AIRMIC,ALARM,IRM. A Risk Management Standard [EB/OL]. http://www. alarm-uk. org/publications/alarm_guidance_documents/guidance_non_member_info. aspx.

3. Ai J. Enterprise risk management[J]. Enterprise Risk,2006,11:25.

4. Akerlof G A. The Market for a Lemons:Quality Uncertainty and the Market Mechanism[J]. Quarterly Journal of Economics,1970,84(8):488-500.

5. Alchian A. Uncertainty, Evolution, and Economic Theory [J]. Journal of Political Economy,1950,58(3):211-221.

6. Altman E I. Financial Ratios,Discriminant Analysis and the Prediction of Corporate Bankruptcy [J]. Journal of Finance,1968,23(4):589-609.

7. Altman E I,Marco G,Varetto F. Corporate Distress Diagnosis:Comparisions Using Linear Discriminant Analysis and Neural Networks [J]. Journal of Banking and Finance,1994,18 (3),505-529.

8. Altman E I,Sabato G. Modeling Credit Risk for SMEs:Evidence from the U. S. Market [J]. ABACUS,2007,43(3):332-357.

9. Ananth R. Evaluation of Enterprise Risk Management (ERM) in Dubai:An Emerging Economy[J]. Risk Management,2007,9(3):167-187.

10. Liebenberg A P, Hoyt R E. The Determinants of Enterprise Risk Management:Evidence from the Appointment of Chief Risk Officers [J].

Risk Management and Insurance Review,2003,6(1):37-52.

11. Lo A W. The Three P's of Total Risk Management[J]. Financial Analysts Journal,1999,55(1):13-26.

12. Meucci A, Graham A. Managing business risk: a practical guide to protecting your business[M]. Cornwall:MPG Books Ltd,2010.

13. Arena M, Arnaboldi M, Azzone G. The organizational dynamics of enterprise risk management[J]. Accounting, Organizations and Society, 2010,35(7):659-675.

14. Arrow K J. Uncertainty and the Welfare Economics of Medical Care[J]. American Economic Review,1963,53:941-69.

15. Demirguc-kunt A, Detragiache E. The Determinants of Banking Crises in Developing and Developed Countries [J]. Staff Papers － International Monetary Fund,1998,45(1):81-109.

16. Fischhoff B, Watson S R, Hope C. Defining Risk [J]. Policy Sciences,1987, (17):123-129.

17. Beasley M S, Clune R, Hermanson D R. Enterprise risk management: An empirical analysis of factors associated with the extent of implementation [J]. Journal of Accounting and Public Policy,2005,24(6):521-531.

18. Charette B. Defining Risk: A Debate [J]. The Journal of Information Technology Managenet,2002,15(2):1-2.

19. Brancato C K, Tonello M, Hexter E S, et al. The role of US corporate boards in enterprise risk management[C]. Conference Board,2006.

20. Branson B C. The role of the board of directors and senior management in enterprise risk management[J]. Enterprise Risk Management,2010:51-67.

21. Nocco B W. Nationwide Insurance &. René M. Stulz.. Enterprise Risk Management: Theory and Practice [J]. Journal of Applied Corporate Finance,2006,18(4):8-20.

22. Chava S, Jarrow R A. Bankruptcy Prediction with Industry Effects [J]. Review of Finance,2004,(8):537-569.

23. Culp C L. The Revolution in Corporate Risk Management: A Decade of Innovations in Process and Products[J]. Journal of Applied Corporate Finance,2005,14(4):8-26.

24. Daily C, Dalton D. Bankruptcy and Corporate Governance: the Impact of Board Composition and Structure[J]. Academy of Management Journal, 1994,37(6):1603-1617.

25. Olson D L, Wu D Sh. Enterprise Risk Management Models [M]. Berlin: Springer-Verlag,2010.

26. Hulett D T, Hillson D. Not Just a Four-Letter Word Anymore: Project "Risk" Includes Opportunities[J]. The journal of information technology management,2002,15(2):2-5.

27. Hulett D T, Hillson D. Response to Mr. Kohl [J]. The Journal of Information Technology Management,2002,15(2):7-8.

28. Deakin E B. A discriminant analysis of predictors of business failure [J]. Journal of Accounting Research,1972,10 (1):167-179.

29. Dickinson G. Enterprise Risk Management: Its Origins and Conceptual Foundation&ast[J]. The Geneva Papers on Risk and Insurance-Issues and Practice,2011,26(3):360-366.

30. Pagach D, Warr R. The characteristics of firms that hire chief risk officers [J]. The Journal of Risk and Insurance,2011,78(1):185-211.

31. Pagach D, Warr R. The effects of enterprise risk management on firm performance[EB/OL]. http://papers. ssrn. comSol3papers. cfm? abstract_id=1155218.

32. Doumpos M, Zopounidis C. A Multinational Discrimination Method for the Prediction of Financial Distress: The Case of Greece [J]. Multinational Finance Journal,1999,3 (2),71-101.

33. Brigham E F, Gapenski L C. Financial Management: Theory and Practice [M]. Beijing:China Machine Press,1999:143-191.

34. Fikry S. Gahin. A Theory of Pure Risk Management in the Business Firm [J]. Journal of Risk and Insurance,1967,34(1):121-129.

35. Gahin F S. Review of the Literature on Risk Management [J]. Journal of Risk and Insurance,1971,38(2):309-313.

36. Gahin F S. Review of the Literature on Risk Management [J]. Journal of Risk and Insurance,1972,39(3):463-470.

37. Patrick F, Paul J. A Comparison of the Ratios of Successful Industrial

Enterprises With Those of Failed Companies [J]. Journal of Accounting Research,1932,10:598-605.

38. Block F E. Risk and Performance [J]. Finance Analysts Journal,1966,(3): 65-74.

39. Fraser J R S,Schoening-Thiessen K,Simkins B J. Who Reads What Most Often?:A Survey of Enterprise Risk Management Literature Read by Risk Executives[J]. Enterprise Risk Management,2008:385-417.

40. Fraser J R S,Simkins B J. Ten common misconceptions about enterprise risk management[J]. Journal of Applied Corporate Finance,2007,19(4): 75-81.

41. Galloway D,Funston R. The challenges of enterprise risk management[J]. Balance Sheet,2000,8(6):22-25.

42. Gates S. Incorporating strategic risk into enterprise risk management: A survey of current corporate practice[J]. Journal of Applied Corporate Finance,2006,18(4):81-90.

43. Gatzert N,Schmeiser H,Schuckmann S. Enterprise risk management in financial groups:analysis of risk concentration and default risk [J]. Financial Markets and Portfolio Management,2008,22(3):241-258.

44. Head G L. An Alternative to Define Risk as Uncertainty [J]. Journal of Risk and Insurance,1967,34(2):205-214.

45. Dickinson G. Enterprise Risk Management:It's Origins and Conceptual Foundation [J]. The Geneva Papers on Risk and Insurance, 2001,(3): 360-366.

46. Holton G A. Defining Risk [J]. Financial Analysis Journal,2004,60(6): 19-25.

47. Gordon L A,Loeb M P,Tseng C Y. Enterprise risk management and firm performance:A contingency perspective[J]. Journal of Accounting and Public Policy,2009,28(4):301-327.

48. Grace M F,Leverty J T,Phillips R D,et al. The Value of Investing in Enterprise Risk Management [J]. Center for Risk Management & Insurance Research at Georgia State University,Working Paper,2010.

49. Gregoriou G N. Advances in Risk Management [M]. New York:Palgrave

MacMillan,2007.

50. Kloman H F. A Brief History of Risk Management[A]. Fraser J,Simkins B J. Enterprise risk management: today's leading research and best practices for tomorrow's executives[C]. New Jersey:John Wiley & Sons Inc,2010: 19-28.

51. Kloman H F. Rethinking Risk Management [J]. The Geneva Papers on Risk and Insurance,1992,17(64):299-313.

52. Hallikas J,Karvonen I,Pulkkinen U,et al. Risk management processes in supplier networks [J]. International Journal of Production Economics, 2004,90(1):47-58.

53. Markowitz H M. Portfolio selection [J]. Journal of Finance, 1952, (1): 77-91.

54. Harrington S E,Niehaus G,Risko K J. Enterprise risk management: The case of united grain growers[J]. Journal of Applied Corporate Finance, 2005,14(4):71-81.

55. Mintzberg H, Raisinghani D, Theoret A. The structure of "understand" decision processes [J]. Administrative Science Quarterly, 1976, 21 (2): 246-275.

56. Hopwood. A Test of the Incremental Explanatory Power of Opinions Qualified for Consistency and Uncertainty [J]. The Accounting Review, 1989,64(1):28-48.

57. Hoyt R E,Liebenberg A P. The value of enterprise risk management[J]. Journal of Risk and Insurance,2011,78(4):795-822.

58. Baird I S,Thomas H. Toward a Contingency Model of Strategic Risk Taking[J]. The Academy of Management Review,1985,10(2):230-243.

59. International Organization for Standardization. Risk management— Principles and Guidelines [EB/OL]. http://www. iso. org/iso/iso _ catalogue/catalogue_tc/catalogue_detail. htm? csnumber=43170.

60. Iyer S R,Rogers D A,Simkins B J. Academic Research on Enterprise Risk Management[J]. Enterprise Risk Management,2010:419-439.

61. Ohlson J A. Financial Ratios and the Probabilistic Prediction of Bankruptcy [J]. Journal of Accounting Research,1980,18(1):109-131.

62. Kallman J W, Maric R V. A Refined Risk Management Paradigm [J]. Risk Management: An International Journal, 2004, 6(3):57-68.

63. Erickson J. Applied Risk Management[J]. APT Bulletin, 1989, (3):12-14.

64. Ai J, Brockett P L. Enterprise Risk Management [EB/OL]. http://wenku. baidu. com/view/93fb95d1240c844769eaeea4. html

65. Fraser J, Simkins B J. Enterprise risk management: today's leading research and best practices for tomorrow's executives [M]. New Jersey: John Wiley & Sons Inc, 2010.

66. Haynes J. Risk as an Economic Factor [J]. The Quarterly Journal of Economics, 1895, 9(4):409-449.

67. Hampton J J. Fundamentals of enterprise risk management: how top companies assess risk, manage exposure, and seize opportunity [M]. New York: American Management Association, 2009.

68. Reuvid J. Managing business risk: a practical guide to protecting your business [M]. Cornwall: MPG Books Ltd. , 2010.

69. Jorion P. Value at risk: the new benchmark for managing financial risk[M]. New York: McGraw-Hill, 2007.

70. Dowd K. Financial Risk Management[J]. Financial Analysts Journal, 1999, 55(4):65-71.

71. Miller K D. Economic Exposure and Integrated Risk Management [J]. Strategic Management Journal, 1998, 19:497-514.

72. Kesner. Directors' stock ownership and organizational performance: An Investigation of Fortune 500 companies [J]. Journal of Management, 1987, 13(3):499-507.

73. Kleffner A E, Lee R B, McGannon B. The effect of corporate governance on the use of enterprise risk management: Evidence from Canada[J]. Risk Management and Insurance Review, 2003, 6(1):53-73.

74. Knight F H. Risk, Uncertainty and Profit [M]. Boston MA: Hart, Schaffner and Marx; Houghton Mifflin, 1921.

75. Chen K H, Shimerda T A. An Empirical Analysis of Useful Financial Ratios [J]. Financial Management, 1981, 10(1):51-60.

76. Lam J. Enterprise-wide risk management and the role of the chief risk

officer[J]. White Paper,2000,25 (3).

77. Lam J. Enterprise risk management：from incentives to controls[M]. New Jersey：John Wiley & Sons Inc,2003.

78. Buchanan L. Breakthrough Ideas for 2004：Watch Your Back [J]. Harvard Business Review. February 2004,(2)：36.

79. Liebenberg A P, Hoyt R E. The determinants of enterprise risk management：Evidence from the appointment of chief risk officers[J]. Risk Management and Insurance Review,2003,6(1)：37-52.

80. Lu D. Methods and systems for enterprise risk auditing and management [P]. U. S. Patent Application 10/640,213,2003-8-12.

81. Pesaran M H, Schuermann T, Treutler B-J, ei al. Weiner. Macroeconomic Dynamics and Credit Risk：A Global Perspective [EB/OL]. http：//papers. ssrn. comsol3papers. cfm? abstract_id=432903#.

82. Makridakis S G. Forecasting, planning, and strategy for the 21st century [M]. New York：Free Press,1990.

83. Zmijewski M E. Methodological Issue Related to the Estimation of Financial Distress Prediction Models [J]. Journal of Accounting Research, 1984, (22)：59-82.

84. Kritzman M, Rich D. The Mismeasurement of Risk[J]. Financial Analysts Journal,2002,58(3)：91-99.

85. Beasley M S, Clune R, Hermanson D R. Enterprise risk management：An empirical analysis of factors associated with the extent of implementation [J]. Journal of Accounting and Public Policy,2005,24(6)：521-531.

86. Miccolis J A, Hively K, Merkley B W. Enterprise risk management：Trends and emerging practices[M]. Altamonte Springs, FL：Institute of Internal Auditors Research Foundation,2001.

87. Mikes A. Enterprise risk management in action[J]. London School of Economics Centre for Analysis of Risk and Regulation：Discussion Paper, 2005 (35).

88. Mensah Y M. An Examination of the Stationarity of Multivariate Bankruptcy Prediction Model：A Methodological Study [J]. Journal of Accounting Research,1984,(22)：380-395.

89. Scholes M S. Crisis and Risk Management[J]. The American Economic Review,2000,90(2):17-21.

90. Doherty N A. Some Fundamental Theorems of Risk Management [J]. Journal of Risk and Insurance,1975,42(3):447-460.

91. Nocco B W,Stulz R M. Enterprise risk management:Theory and practice [J]. Journal of Applied Corporate Finance,2006,18(4):8-20.

92. O'Donnell E. Enterprise risk management:A systems-thinking framework for the event identification phase[J]. International Journal of Accounting Information Systems,2005,6(3):177-195.

93. Ohlson A J. Financial ratios and the probabilistic prediction of bankruptcy [J]. Accounting Research,1980,18:109-131.

94. Coats P K,Fant L F. Recognizing Financial Distress Patterns Using a Neural Network Tool [J]. Financial Management,1993,(22):142-155.

95. Mackay P,Sara B. The Value of Corporate Risk Management[J]. The Journal of Finance,2007,62(3):1379-1419.

96. Shrivastava P. Ecocentric Management for a Risk Society[J]. The Academy of Management Review,1995,20(1):118-137.

97. Bernstein P L. Against the Gods:The Remarkable Story of Risk [M]. New York:John Wiley & Sons Inc,2001.

98. Power M. The risk management of everything:Rethinking the politics of uncertainty[M]. Demos,2004.

99. MacMinn R D. Insurance and Corporate Risk Management[J]. The Journal of Risk and Insurance,1987,54(4):658-677.

100. Zeckhauser R J,Viscusi W K. The Risk Management Dilemma[J]. Annals of the American Academy of Political and Social Science,1996,545(5):144-155.

101. Fox R L. The Classical World:An Epic History of Greece and Rome [M]. New York:Basic Books,2006.

102. Kohl R J. If It Ain't Broke,Don't Fix It[J]. The Journal of Information Technology Management,2002,15(2):5-7.

103. Kohl R J. Response to Drs. Hulett and Hillson[J]. The Journal Of Information Technology Management,2002,15(2):8-11.

104. Ross S, Westerfield R, Jaffe J, et al. Corporate Financial (5th edition) [M]. New York:McGraw-Hill Ryerson Higher Education,2000.

105. Shenkir W G, Barton T L, Walker P L. Enterprise risk management: lessons from the field[J]. Enterprise Risk Management,2010:441-463.

106. Simkins B, Ramirez S. Enterprise-Wide Risk Management and Corporate Governance[J]. Loyola University Chicago Law Journal,2008,39.

107. Stephen Gates. Incorporating Strategic Risk into Enterprise Risk Management:A Survey of Current Corporate Practice[J]. Journal of Applied Corporate Finance,2006,18(4):81-90.

108. D'Arcy S P. Enterprise Risk Management [EB/OL]. http://citeseerx.ist. psu.edu/viewdoc/download? doi＝10.1.1.112.7721&rep＝rep1&type＝pdf.

109. Sumner M. Risk factors in enterprise-wide/ERP projects[J]. Journal of information technology,2000,15(4):317-327.

110. Tirapat S, Nittayagasetwat A. An Investigation of Thai Listed Firm's Financial Distress Using Macro and Micro Variables [J]. Multinational Finance Journal,1999,3(2):103-125.

111. Raz T, Hillson D. A Comparative Review of Risk Management Standards [J]. Risk Management:A International Journal,2005,7(4):53-66.

112. Willet A H. The Economic Theory of Risk and Insurance (1901) [M]. Philadelphia:University of Pennsylvania Press,1951.

113. Beaver W H. Financial Ratios as Predictors of Failure [J]. Journal of Accounting Research,1966,4:71-111.

114. Wu D D, Olson D. Enterprise risk management:a DEA VaR approach in vendor selection[J]. International Journal of Production Research,2010,48 (16):4919-4932.

115. Yow S, Sherris M. Enterprise risk management,insurer value maximisation,and market frictions[J]. ASTIN Bulletin-Actuarial Studies in Non Life Insurance, 2008,38(1):293.

116.[美]艾尔·巴比著. 邱泽奇译. 社会研究方法[M]. 北京:华夏出版社,2005.

117.[美]阿瑟·威廉姆斯,理查德·汉斯著. 陈伟等译. 风险管理与保险[M]. 北京:中国商业出版社,1990.

118.[美]彼得·伯恩斯坦. 穆瑞年著,吴伟,熊学梅译. 与天为敌:风险探索传奇

[M].北京:机械工业出版社,2007.

119. [美]COSO 委员会著.方红星,王宏译.企业风险管理:整合框架[M].大连:东北财经大学出版社,2005.

120. [美]达摩达尔·古扎拉蒂,唐·波特著.费剑平译.计量经济学基础[J].北京:中国人民大学出版社,2005.

121. [美]戴维·罗森布鲁姆,罗伯特·克拉夫丘克著.公共行政学管理、政治和法律的途径[M].北京:中国人民大学出版社,2002.

122. [美]富兰克·奈特著.王宇,王文玉译.风险、不确定性和利润[M].北京:中国人民大学出版,2005.

123. [美]哈林顿·尼豪斯著.陈秉正等译.风险管理与保险[M].北京:清华大学出版社,2005.

124. [美]汉斯·乌里希·德瑞克著.查萍译.金融服务运营风险管理手册[M].北京:中信出版社,2004.

125. [美]劳伦斯·汉弥尔顿著.郭志刚等译.应用 STATA 做统计分析[M].重庆:重庆出版社,2008.

126. [美]马丁·冯,彼德·杨.公共部门风险管理[M].天津大学出版社,2003.

127. [美]平狄克,鲁宾费尔德著.钱小军等译.计量经济模型与经济预测[M].北京:机械工业出版社,1999.

128. [美]威廉姆斯·汉斯.风险管理与保险[M].北京:中国商业出版社,1990.

129. [美]小哈德罗·凯斯伯.国际风险与保险[M].北京:机械工业出版社,1999.

130. 陈秉正.公司整体化风险管理[M].北京:清华大学出版社,2003.

131. 陈秉正.论风险管理概念演变的影响[J].保险研究,2002,(6):15—16.

132. 陈静.上市公司财务恶化预测的实证研究[J].会计研究,1999(4):31—38.

133. 陈锦婉.财务危机与"所有者缺位"[J].商业研究,2000,(09):1—3.

134. 陈宁一.温州 90 多老板负债出走 3 人返回[N].新京报,2011-10-10(18).

135. 陈乙文,黄铃羢.影响财务危机预警模型因子之研究[J].建国科大学报,2005,(2):153—168.

136. 陈志斌,谭瑞娟.财务预警的行业差异模型研究[J].南京师大学报(社会科学版),2006(9):62—67.

137. 丁德臣,何建敏,吴广谋.企业风险管理模型方法综述[J].科学学与科学技术管理,2008,(07):189—194.

138. 范柏乃,蓝志勇. 公共管理研究与定量分析方法[M]. 北京:科学出版社,2008.

139. 冯蔚东,陈剑,赵纯均. 虚拟企业中的风险管理与控制研究[J]. 管理科学学报,2001,4(3):1—13.

140. 高歌,王晚燕,艾自胜. 多分类有序反应变量 logistic 逐步回归分析在上海市医疗保险调查中的应用[J]. 中国卫生统计,2002,(12):322—324.

141. 高立法,虞旭清. 企业全面风险管理实务[M]. 北京:经济管理出版社,2009:16.

142. 高祥春,王在翔,吕军城,等. 基于累积比数 logistic 回归的新农合满意度影响因素分析[J]. 安徽农业科学,2012,40(1):474—475.

143. 高毅. 中国农业上市公司财务风险形成机理和控制研究[D]. 西南大学博士学位论文,,2010.

144. 郭琳. COSO 框架下的风险评估研究[D]. 兰州理工大学硕士学位论文,2007.

145. 古步钢. 英国政府风险管理推动模式[J]. 研考,2006,30(2):37—49.

146. 谷祺,刘淑莲. 财务危机企业投资行为分析与对策[J]. 会计研究,1999,(10):23—31.

147. 国务院国有资产监督管理委员会. 中央企业全面风险管理指引[EB/OL]. http://www. sasac. gov. cngzjgqygg/200606200105. htm.

148. 黄波,王楚明. 基于排序 logit 模型的城镇就业风险分析与预测——兼论金融信用危机情形下促进我国就业的应对措施[J]. 中国软科学,2010,(4):146—154.

149. 侯文,顾长伟. 累积比数 Logistic 回归模型及其应用[J]. 辽宁师范大学学报(自然科学版),2009,(12):405—407.

150. 季皓. 国外企业风险管理研究综述[J]. 财会通讯,2009,(2):140—141.

151. 姜秀华,孙铮. 治理弱化与财务危机:一个预测模型[J]. 南开管理评论,2001(5):19—25.

152. 李伯圣. 企业财务危机管理[M]. 北京:社会科学文献出版社,2008.

153. 李岑岩. 澳大利亚—新西兰风险管理标准(AS/NZS 4360)简介[EB/OL]. http://wenku. baidu. com/view/2568a1232f60ddccda38a03f. html.

154. 李华中. 上市公司经营失败的预警系统研究[J],财经研究,2001,(10):58—64.

155. 李巧巧. 谈企业财务危机管理[J]. 财会研究,2005,(5):43—44.

156. 李文渊. 风险管理概念与相关法规介绍[J]. 石油季刊,2002,38(1):41—48.

157. 李晓英,陈维政. 供应链风险形成机理研究[J]. 中国流通经济,2003,(9):10—13.

158. 李亚光. 春秋时期的救灾思想和防灾思想[J]. 长春师范学院学报,2004,23(2):28—30.

159. 林郁翎,黄建华. 考虑公司治理之企业财务危机预警模型[J]. 东吴经济商学学报,2009,(64):23—56.

160. 卢永艳,王维国. 制造业上市公司财务困境预测——基于 panel logit 模型的实证分析[J]. 统计与信息论坛,2010,(4):48—51.

161. 陆跃祥,游五洋. 中国企业风险管理研究[J]. 山东经济,2000,(4):61—64.

162. Ronez M,Smith D,Lakha R. 于树伟译. 亚洲国家风险管理发展刍议:浅谈新加坡、英国之推动经验[J]. 研考,2006,30(2):50—54.

163. 慕继丰. 复杂组织的全面风险管理初探[J]. 中国管理科学,2000,8(11):292—301.

164. 彭建刚,屠海波,何婧,等. 有序多分类 logistic 模型在违约概率测算中的应用[J]. 财经理论与实践(双月刊),2009,(7):2—7.

165. 秦嵩. 全面企业风险管理与风险容量决策研究[D]. 天津大学博士学位论文,2006.

166. 邱垂昌. 台湾企业财务危机之预警——保留意见之警讯[J]. 当代会计,2006,7(2):195—236.

167. 阮平南,王塑源. 企业经营风险及预警研究[J]. 决策借鉴,1999,3:2—6.

168. 3C 框架课题组. 全面风险管理理论与实务[M]. 北京:中国时代经济出版社,2008.

169. 宋明哲. 风险管理[M]. 台湾:中华企业管理发展中心,1984.

170. 宋鹏,张信东. 基于 Logistic 模型的上市公司财务危机预警研究[J]. 经济问题,2009,(8):50—52.

171. 唐钧. 政府风险管理的实践与评述:以加拿大和英国政府的改革为例[J]. 中国行政管理,2009,4:28—32.

172. 唐寿宁. 风险不确定性与秩序[M]. 北京:中国财政经济出版社,2001.

173. 陶然. Logistic 模型多重共线性问题的诊断及改进[J]. 统计与决策,2008,(15):22—25.

174. 王恒,沈利生.客户信用评级系统的经济计量模型检验[J].数量经济技术经济研究,2006,(6):138－147.

175. 王农跃.企业风险管理体系构建研究[D].河北工业大学博士学位论文,2008.

176. 王晓霞.企业风险审计[M].北京:中国审计出版社,2005.

177. 王志成,周春生.金融风险管理研究进展:国际文献综述[J].管理世界,2006,4:158－169.

178. 吴明隆.问卷统计分析实务:SPSS 操作与应用[M].重庆:重庆大学出版社,2010.

179. 吴世农,卢贤义.我国上市公司财务困境的预测模型研究[J].经济研究,2001,(6):46－55.

180. 谢志华.内部控制、公司治理、风险管理:关系与整合[J].会计研究,2007,(10):37－45.

181. 徐国祥.统计指数理论、方法与应用研究[M].上海:上海人民出版社,2011.

182. 严复海,党星,颜文虎.风险管理发展历程和趋势综述[J].管理现代化,2007,(2):30－33.

183. 杨宝安,季海,徐晶,等.BP 神经网络在企业财务危机预警之应用[J].预测,2001(2):49－68.

184. 杨冠琼.科层化组织结构的危机与政府组织结构的重塑[J].改革,2003,(1):97－104.

185. 杨乃定.企业风险管理发展的新趋势[J].中国软科学,2002,(6):54－57.

186. 杨乃定,张亚莉.企业人力资源风险成因及对策研究[J].西北工业大学学报(社会科学版),1999,19(2):13－16.

187. 姚晓军,孙美平.基于 Ordered Logistic 模型的居民幸福感组群差异分析[J].统计与决策,2011,(6):83－85.

188. 叶宗裕.关于多指标综合评价中指标正向化和无量纲化方法的选择[J].浙江统计,2003,(4):24－25.

189. 于淑荣,风险经济学导论[M].北京:中国铁道出版社,1994:1－30.

190. 于树伟.先进国家风险管理理念与架构[J].研考,2006,30(2):12－25.

191. 袁康来,周燕.非财务因素变化对企业财务危机影响的实证分析[J].科技与管理,2009(5):94－100.

192. 袁卫秋.公司财务风险与宏观经济关系的实证研究[J].兰州商学院学报,

2005,21(2):18—21.

193.岳上植,张广柱.上市公司财务危机预警模型构建研究[J].会计之友,2009,
(3):79—84.

194.运怀立.现代企业全面风险管理的测度与策略研究[J].现代财经,2007,27
(4):32—35.

195.张大成,林郁翎,黄继宽.产业差异与企业财务危机模型[J].台湾金融财务
季刊,2006,7(4):1—28.

196.张吉光.GARP全面风险管理方案分析与启示[J].新金融,2004,9:41—44.

197.张玲.财务危机预警分析判别模型及其应用[J].预测,2000(6):38—40.

198.张倩瑜,周慧瑜,王明德.英国公共建设风险管理制度[J].研考,2006,30
(2):81—92.

199.张琴,陈柳钦.风险管理理论沿袭和最新研究趋势综述[J].金融理论与实
践,2008,(10):105—109.

200.张云起.营销风险形成机理与预警控制研究[D].天津大学博士学位论
文,2005.

201.郑大川,沈利生,黄震.银行客户信用评级系统合理性的检验——排序响应
面板数据模型在银行风险管理中的运用[J].中南财经政法大学学报,2011,
(1):62—68.

202.郑思齐,符育明,刘洪玉.利用排序多元Logit模型研究城市居民的居住区
位选择[J].地理科学进展,2004,23(5):86—93.

203.中国证券市场大事记[J].中国金融家,2009,(9):157—159.

204.中华全国工商业联合会.民营企业风险管理指引手册[M].北京:中华工商
联合出版社,2009.

205.周百隆,郭和益.财务风险评估与异常报酬——中国上市公司之实证研究
[J].企业管理学报,2006,(69):1—38.

206.周运涛.ERM理论演进概述[J].重庆工商大学学报(社会科学版),2010,27
(5):68—72.

207.周志钢.中国企业的危机管理研究[D].武汉大学硕士学位论文,2005.

208.周兆生.内部控制与风险管理[J].审计与经济研究,2004,19(4):46—49.

209.朱荣恩,贺欣.内部控制框架的新发展:企业风险管理框架[J].审计研究,
2003,6:11—13.

210.朱祥德.中国企业财务危机管理研究[J].中国管理信息化,2009,(9):29—31.

索　引